Kindertheater in der Weihnachtszeit

Elke Müller-Mees

Kindertheater
in der
Weihnachtszeit

Zum Thema bereits erschienen:

Elke Müller-Mees
Kindersketche für
Familienfeste
ISBN 3-332-01298-3

Elke Müller-Mees
Neue Weihnachts-
gedichte für Kinder
ISBN 3-332-01341-6

Elke Müller-Mees
Es fragt die bunte Kuh:
»Wer bist denn ...?«
Sprach- und Wortspiele
für Kinder
ISBN 3-332-01336-X

Elke Müller-Mees
Kinderspiele für alle
Sinne
150 verblüffende Ideen
ISBN 3-332-01437-4

Elke Müller-Mees
Der neue Verseschmied
für Hobbydichter
Mit Reimlexikon
ISBN 3-332-01189-8

Marlies Götter
Weihnachtszeit,
Kinderzeit
Spiele, Geschichten,
Lieder, Bastel- und
Rezeptideen
ISBN 3-332-01345-9

Dagmar Zey, René Zey
300 neue Rätsel für
Kinder ... mit Erfolgs-
garantie!
ISBN 3-332-01431-5

Hajo Bücken
Der neue Spielespaß
Ideen für 1 oder 2
Personen
ISBN 3-332-01343-2

Hajo Bücken
Spiele für die Familie
Über 150-mal Spaß für
drinnen und draußen
ISBN 3-332-01295-9

Ingeborg Düffert
Kinderverse für
Familienfeste
ISBN 3-332-01087-5

Ingeborg Düffert
Stimmungsvolle
Weihnachtstexte
ISBN 3-332-01371-8

Ortfried Pörsel
Weihnachtsfeiern wie
noch nie!
Neue Geschichten und
Gedichte
ISBN 3-332-01342-4

**Bernd Brucker,
Gerald Drews**
Die Weihnachtsfeier in
Firma und Verein
ISBN 3-332-01446-3

Die Autorin: Dr. Elke-Müller-Mees lebt in
Mülheim/Ruhr, hat als Gymnasiallehrerin gearbeitet
und ist seit 1987 freie Autorin. Ihre Arbeit am
Kindertheater wurde preisgekrönt. Sie schrieb
bereits mehr als 50 Bücher, darunter sechs erfolgrei-
che Titel für den Urania Verlag.

Bibliografische Information Der Deutschen Bibliothek
Die Deutsche Bibliothek verzeichnet diese
Publikation in der Deutschen Nationalbibliografie;
detaillierte bibliografische Daten sind im Internet
über http://dnb.ddb.de abrufbar.

www.dornier-verlage.de
www.urania-verlag.de

1. Auflage August 2003
© 2003 Urania Verlag, Stuttgart
Der Urania Verlag ist ein Unternehmen der
Verlagsgruppe Dornier.

Umschlaggestaltung: Behrend & Buchholz, Hamburg
Titelfoto: zefa/A. Inden
Lektorat: Dr. Marianne Jabs
Gestaltung und Layout: AS Typo & Grafik, Berlin
Druck: Westermann Druck Zwickau
Printed in Germany

Gedruckt auf alterungsbeständigem Papier mit chlor-
frei gebleichtem Zellstoff.

ISBN 3-332-01436-6

7   Vorwort. Liebe Leserin, lieber Leser …

9   **Tipps für die Spielleiter**
10   So finden Sie das passende Theaterstück
10   So studieren Sie die Stücke ein
11   Tipps zu Kulisse, Geräuschen und Musik, Kostüm, Maske und
      Requisiten

15   **Die weißen Flocken: Winter, Schnee und Rodeln**
16   Schneemann, Schneemann, sag mir doch
17   Das Winterweihnachts-Abwärtsrennen
18   Die zwei Schneeriesen
20   Der Spatz am Vogelhaus
22   Hasenhunger
24   Der Vetter vom Weihnachtsmann
26   Hei, hei, hei, es fallen weiße Flocken (Singspiel)
28   Schnee-Rap-Duett

29   **Wünsche, Geschenke und Heimlichkeiten:**
      Die Wochen vor dem Weihnachtsfest
30   Das ist der Hammer
32   Ein Weihnachtsmäuschen im Haus
34   Der Weihnachtsmann im Winterschlaf
36   Der Backlehrling
39   Der vergessliche Nikolaus (Singspiel)
40   In der Weihnachtsbäckerei-Schule
42   Der neugierige Engel
44   Das Geschenk für Großmama und Großpapa
46   Der Plätzchen-Roboter
48   Ein Tannenbaum mit Heimweh

51   **Zauberhafte Wintermärchen**
52   Sankt-Martins-Singen
54   Schneewittchen
56   Heiliger Abend im Leuchtturm
58   Was schmaucht denn da?
60   Der Dieb in dunkler Nacht
61   Schneemond und Eisblume
64   Der Weihnachtsmann braucht Hilfe
68   Der Streit um Kaisers Bart
70   Frau Holle und der Schneemann
72   Der Engel mit grünen Flügeln

75   **Krippenspiele – auch mal anders**
76   Sieh dir bloß den Esel an!
78   Die Krippenmaus
80   Jingle Bell
82   Das Christkind hat Charme
84   Der Hirte
87   Das Christkind aus dem Teich
88   Marias List
90   Ein kleiner König
92   Die Heiligen drei Könige
94   Der Verkündigungs-Rap
96   Maria wartet
98   Bobby und der Pudel oder Pauls Geschichte

101   **Das alte und das neue Jahr**
102   Das alte und das neue Jahr
104   Der Janus-Wächter
106   Silvester-Spuk
107   Die Geisterjäger
108   Was bringt die Zukunft?
110   Die bösen Geister werden heut verjagt, krach bum

Liebe Leserin, lieber Leser ...

Regen, grauer Himmel, Stürme – Winterwetter ist oft ungemüt-
lich und lädt nur bei Schnee ein, draußen zu spielen und zu
toben. Die Vorweihnachtszeit ist lang, oft langweilig und eine
Zumutung für die Geduld von Kindern und Erwachsenen.

Von Kindern gespielte Theaterstücke sind tolle Geschenke, die dem Beschenkten Zuneigung und Liebe zeigen.

So wünschen wir uns gerade in der Winter- und Weihnachtszeit
ein bisschen Abwechslung für die Kinder, etwas Besonderes,
das ihnen Freude macht und sie beschäftigt. Ein Theaterstück
kommt da gerade recht. Es unterbricht den Alltag, bringt Spaß
und Unterhaltung für die Spieler und die Zuschauer und kann
Gemeinschaft stiftend zur bleibenden Erinnerung bei allen
Beteiligten werden. Theaterspielen erlaubt Kindern, in unter-
schiedliche Rollen zu schlüpfen, sich nach Herzenslust zu verkleiden. Es gibt dem kindlichen Betätigungsdrang Raum und
fördert Fantasie und Selbstvertrauen. Sind die Theaterstücke
kurz genug, überfordern sie die Kinder nicht, und selbst das
Auswendiglernen macht ihnen Spaß.
Die Winter- und Weihnachtszeit mit ihrer besonderen
Stimmung bietet viele Anlässe: die Adventssonntage, den
Nikolausabend, den Heiligen Abend, die Weihnachtstage,
Silvester oder Neujahr. Sie gibt Ihnen bestimmt Gelegenheit,
gemeinsam ein Stück auszuwählen, einzuüben, Kulissen und
Requisiten zu basteln und dann das Stück aufzuführen.
Spaß haben auch die erwachsenen Zuschauer. Wer kann sich
denn dem Zauber des kindlichen Spiels entziehen? Werden
nicht in uns allen Gefühle geweckt, wird nicht in jedem etwas
angerührt? Eine Erinnerung zum Klingen gebracht, vielleicht an
das Kind, das man selber einmal war?
In diesem Buch haben Sie über 50 Theaterstücke zur Auswahl.
Je nach Anlass sind sie poesievoll oder besinnlich, ironisch oder
lustig. Sie bieten viele gestalterische Möglichkeiten, lassen
Raum für die eigene Fantasie.

Tipp! Ändern Sie den Text für Ihre individuellen Bedürfnisse, achten Sie darauf, die Texte passend zu verändern. Passen Sie auch die Requisiten entsprechend an.

Alle Theaterstücke sind leicht einzuüben, verständlich und unaufwändig. Kulisse, Kostüme, Requisiten oder Maske sind auf Improvisation hin ausgerichtet. Sie reichen vom Ein-Kind- bis zum Fünf-Kinder-Stück, sind für das Alter von 6 bis 10 Jahren. Aber auch die Kleineren ab 4 und die Größeren bis 12 Jahre werden nicht vergessen.

Die Theaterstücke sind nach *Anlässen* geordnet. Es beginnt mit Sketchen zu *Winter, Schnee und Rodeln*. Dann geht es zum Thema *Weihnachtsvorbereitungen*. Mit *zauberhaften Wintermärchen* wird dem besonderen Zauber der Winter- und Weihnachtszeit in märchenhaften Theaterstücken entsprochen. Ist für Sie Weihnachten ohne Krippenspiel undenkbar, finden Sie in *Krippenspiele – auch mal anders* eine Auswahl von Sketchen, die alte Glaubensvorstellungen zeitgemäß, auch ein wenig überraschend präsentieren. Theaterstücke für den Jahreswechsel, Silvester und Neujahr, finden Sie im letzten Kapitel *Das alte und das neue Jahr*.

Da Singen zur Weihnachtszeit einfach dazugehört, gibt es in jedem Kapitel Theaterstücke mit Liedern, die fröhlich sind, gute Laune machen und dem kindlichen Bewegungsdrang Rechnung tragen. Beim Einstudieren helfen Noten und Gitarrenakkorde. Nehmen Sie die Zuordnung zu den Kapiteln nicht als Vorschrift. Sie können am Heiligen Abend ein Wintermärchen aufführen oder ein Singspiel. Der Spiellaune der Kinder sollte maßgeblich sein.

Die Symbole bei jedem Theaterstück erleichtern Ihnen die Auswahl.

6-8 Jahre   Alter

     Anzahl der Spieler

2 Minuten   Aufführungsdauer

Und nun viel Erfolg und ein gelungenes Fest!

Elke Müller-Mees

Tipps für die Spielleiter

Hier erfahren Sie, was Sie als Spielleiterin oder Spielleiter berücksichtigen sollten und müssen. Die Hinweise für Kulisse, Kostüme, Maske und Requisiten sowie individuelle Gestaltung geben Ihnen Tipps, wobei wiederkehrende Rollen besonders berücksichtigt werden.

Außerdem gibt es Anregungen, wie Kinder leicht und mit Lust auswendig lernen werden.

So finden Sie das passende Theaterstück

Alle Texte lassen sich von Mädchen und Jungen gleichermaßen spielen.

• Der Anlass, die Gelegenheit steht fest.
• Sie wählen mit dem Kind, den Kindern das Theaterstück aus.
• Sie verteilen mit den Kindern die Rollen.
• Sie überlegen mit den Kindern Bühnenbild, Kostüm und Maske.

Gibt es nicht genügend Mitspieler, können zwei Rollen von einem Spieler übernommen werden. Umgekehrt können Sie längere Rollen-Texte auf mehrere Spieler verteilen. Es ist wichtig, alle Kinder einzubeziehen. Gibt es nur zwei Rollen, erweitern Sie die Zahl der Hirten, Zwerge, Backlehrlinge, Geister, Schafe. Auch stumme Rollen lassen sich hübsch gestalten.

Die Rap-Texte können von ein, zwei oder drei Kindern gespielt werden. Teilen Sie den Text satz- oder strophenweise auf. Vorsicht, wenn Kinder den Text gemeinsam sprechen wollen! Das geht leider oft auf Kosten der Verständlichkeit.

Wenn es besser passt, ändern Sie die Rollen. Statt des *Vaters* kann eine *Mutter*, statt des *Erzählers* eine *Erzählerin* agieren.

So studieren Sie die Stücke ein

Je ungezwungener das Spiel wirkt, desto besser.

Die Kinder sollen sich im Spielraum – der Bühne – bewegen, schleichen, hüpfen, auf Zehenspitzen stellen, tanzen, hinhocken, aufstehen. Die Kinder sollen gestikulieren, auf etwas deuten, die Hand hinters Ohr legen, die Hände zusammenschlagen, die Arme verschränken, hinter den Rücken legen. Sie müssen sich anschauen, die Augen aufreißen, blinzeln, lachen, schmunzeln, ängstlich blicken, kurz, sie müssen agieren.

Hilfreich ist, wenn die Kinder Requisiten bekommen, als Weihnachtsmann den Sack, als Hirte einen Stab. Wichtig ist, dass sie von Anfang an mit den Requisiten proben und sich in dem Raum bewegen, in dem das Stück aufgeführt werden soll.

Sie sollten als Spielleiterin/Spielleiter Regieanweisungen *(kursiv gedruckt)* auf das Nötigste beschränken.

- Vergewissern Sie sich, dass jedes Kind den Text versteht.
- Lesen Sie das Theaterstück mehrmals vor.
- Lassen Sie die Kinder überlegen, wie jedes Kind in seiner Rolle agieren kann.
- Lassen Sie das Kind/die Kinder ihre Rollen mitsprechen.
- Schreiben Sie den Dialog in großen Buchstaben auf. Machen Sie zwei, drei Kopien. Markieren Sie die einzelnen Rollentexte in unterschiedlichen Farben.
- Pinnen Sie den Text in Sichtweite an die Wand, an ein Requisit. Legen Sie ihn auf den Boden.
- Spielen Sie die Lieder auf dem Klavier oder mit der Gitarre vor. Nehmen Sie die Melodie auf. So kann das Kind sie sich öfter anhören. Besonders für die Singspiele gilt: Erst wenn Ihr Kind das Lied singen kann, kann es agieren.
- Lassen Sie die Kinder die Szene mehrmals spielen. Begleiten Sie als gute Souffleuse/guter Souffleur. Sprechen Sie den Text anfangs laut, dann immer leiser mit.

Tipps zu Kulisse, Geräuschen und Musik, Kostüm, Maske und Requisiten

Denken Sie daran, zu viel Perfektion engt ein.

Für Kinder sind Kulissen und Kostüm, Maske und Requisiten wesentlicher Teil der Vorbereitung und Aufführung. Diskutieren Sie gemeinsam, was an Kostüm und Maske, was an Kulisse nötig ist. Stellen Sie mit den Kindern die Kulisse, Geräusche, Kostüme und Masken her.

Schauen Sie zuerst in den Fundus, wie es in der Theatersprache heißt: Jeder Haushalt, jeder Keller ist voll brauchbarer, oft origineller Dinge. Beschaffung, Herstellung und Transport sind unaufwändig oder werden sogar überflüssig.

Bühnenbild

Deuten Sie nur mit einzelnen Versatzstücken den Ort des
Geschehens an: ein Fenster, eine gemalte Winterlandschaft,
einen Tisch, Krippenfiguren oder eine Decke als Stall.
Ein dunkler Regenschirm mit aufgeklebten Goldsternen wird
zum Nachthimmel. Brennende Teelichter, über die Bühne verteilt, machen die Heilige Nacht geheimnisvoll. Ein weißes
Laken wird zu Schnee, ein blaues zum Teich. Zu Schnee werden auch Wattebäusche oder zerknülltes weißes Seidenpapier.
Der Garderobenständer mit Tannenzweigen wird zum Baum,
ein bemalter Umzugskarton zum Nordpol oder Leuchtturm.

Für Schattentheater – viele Stücke lassen sich als
Schattentheater aufführen – brauchen Sie eine transparente
Wand und einen leistungsfähigen Spot. Für die Wand fertigen
Sie aus Latten einen Rahmen und spannen darauf ein weißes
Laken oder Papier.
Der Spot wird hinter der Wand auf die Spieler gerichtet:
Achten Sie darauf, dass die Kinder beim Spielen möglichst von
der Seite erfasst werden und mit ausgeprägter Gestik spielen.

Geräusche

Geräusche, Rhythmus und Musik können den Ort des
Geschehens – durch Wind, Kindergeschrei, Vogelstimmen, leise
Sphärenmusik – simulieren.
Ein kleiner Tipp: Der kalte Winterwind wird durch Hauchen
mit gespreizten Lippen in hohle Hände oder Blasen in
Flaschenhals zu Sturm.
Musikalische Kinder freuen sich über die Singspiele oder einzelnen Lieder, zu denen Sie die Noten mit Gitarrenbegleitung finden. Die Kinder sollten die Zuschauer zum Mitsingen animie-
ren, was in der Weihnachtszeit bestimmt gelingt. Kinder, die
kein Instrument beherrschen oder nicht musikalisch sind, können den *Verkündigungs-Rap* auf S. 94 oder *Das Schnee-Rap-*

Halten Sie der Gästezahl entsprechend Blätter mit dem Liedtext bereit.

Duett auf S. 28 spielen, bei denen rhythmischer Sprechgesang gefordert ist.

Mit Playback-Verfahren kann den kleinen Schauspielern auch jedes Lied in den Mund gelegt werden. Bereiten Sie dazu Kassette und Rekorder vor.

Kostüm und Maske

Kinder brauchen es und lieben es, sich zu verkleiden. Das vorsichtige Kind wird als Wolf stark und furchterregend, das vorlaute als Maria zur Sanftmut gezwungen.

Mit Gold- oder Alufolie beklebte Pappflügel machen den Spieler zum Engel, Tannenzweige werden grüne Engelflügel oder ein Rentiergeweih. Kissen geben dem Schneemann die nötigen Rundungen. Der Eisritter steigt in eine Rüstung aus zwei dicken, mit Bändern zusammengehalten Pappen, die mit Haushaltsfolie umwickelt sind wie sein Eisschwert. Helle Wollteppiche oder Schaffelle, über den Rücken geworfen, machen Schafe. Geraffte bunte Laken kleiden Maria, Josef und die Hirten, weiße Laken die Geister oder den Yeti. Für Zwerge reichen Zipfelmütze und übergroße farbige Pullover.

Verwandlung hilft bei der Identifizierung mit der Rolle.

Tiere wie Pudel, Wolf, Zicklein, Esel oder Ochs bekommen Masken. Die Kinder können sie mit einfachen Mitteln herstellen: Sie brauchen: kräftige Pappe, Pappkartons (Papiertüten) in Kopfgröße, dickes Papprohr, Gummiband, kräftige Farben, Buntpapier. Und so gehen Sie vor: Stülpen Sie den Pappkarton oder das Papprohr über den Kopf des Spielers. Markieren Sie die Stellen für Augen, Nase, Mund. Lassen Sie das Kind die Öffnungen ausschneiden. Nase oder Schnabel, Fühler oder Hörner werden aus Pappe geformt und aufgeklebt. Mund- und Augenöffnungen farbig umrandet. Nach Bedarf werden Haare, Schnurrbart, Schnurrhaare oder Mähne aufgeklebt. Dafür eignen sich: Strohhalme, Engelshaar, Wolle, Watte, auseinanderge-

zupfte Topfreiniger, Lametta, Pfeifenreiniger, gefaltetes und ein-
geschnittenes Zeitungspapier.

Auch flächige Masken lassen sich so einfach herstellen.

Für den Körper reichen Body, Strumpfhose, enges T-Shirt, über-
großer Pullover, Schaffell oder Wollteppich. Fausthandschuhe
oder Puschen, mit Stoff umwickelt, werden zu Pfoten. Als
Flügel für Spatz, Rotkehlchen und Meise dienen Pappstreifen
mit aufgemalten oder aufgeklebten Federn, Halstücher über
beiden Armen. Der Heilbutt (s. S. 56/57) bekommt eine ovale,
graubraun gesprenkelte Schuppenhaut aus Pappe, die mit
Haushaltsfolie überzogen ist, und einen Heiligenschein.

Vergessen Sie nicht, auch Zeit fürs Abschminken und Umziehen einzuplanen. Sonst kommt Stress auf.

Lassen Sie das Kind sich nach Möglichkeit selbst schminken.
Die Maske muss nicht perfekt sein. Nassschminke verwischt
nicht. Vorsicht, wenn das Kind zu Allergien neigt! Für die
Konturen greifen Sie zu den eigenen Schminkutensilien:
Lidschatten, Lippenstift, Lippenkontur- oder weiche Kajalstifte
für Gesichtskonturen.

Beschränken Sie sich auf die charakteristischen Merkmale. Für
ein Katzengesicht genügen spitze Ohren und Schnurrhaare. Ein
Mop als Mähne und ein Bademantel machen Big Foot, ein
Kinnbärtchen und Hörner das Zicklein. Für ein Mausgesicht
brauchen Sie runde Ohren, ein Seil oder gedrehte Wollfäden als
Schwänzchen. Schminken Sie das Roboter-Gesicht silbern.
Perücken helfen, aus Kindern Erwachsene zu machen. Perücken
und Bärte machen Sie aus Wollfäden, die Sie in den Rand der
Kopfbedeckung kleben, oder aus auf Heftpflaster geklebter
Watte oder Installationshanf.

Requisiten

Requisiten erleichtern das Spielen!

Requisiten charakterisieren die dargestellte Person, den Typ –
Schneemann, Weihnachtsmann, Mutter, Vater durch Topf oder
Zylinder, Sack, Hut, Mütze, Schürze, Brille, Kochlöffel,
Zeitung …

Die weißen Flocken:
Winter, Schnee und Rodeln

Schneeflocken, Schneeflocken, schöne
weiße Winterwelt! Sehnen wir uns nicht
alle danach wie die Kinder? Gehören nicht
Schnee und Eis, Frost und Kälte zu einem
richtigen Winter? Vor allem aber Schnee,
jede Menge Schnee?
Wenn es schneit, lockt der Winter Kinder
nach draußen. Sie wollen rodeln, eine
zünftige Schneeballschlacht machen oder
einen Schneemann bauen. Doch wenn es
zu unwirtlich ist, zieht es sie ins Haus, ins
Warme. Und dann vertreiben sie sich gern
die Zeit mit einem winterlichen
Theaterstück ...

Schneemann, Schneemann, sag mir doch

Personen: Kind, Wolke
Bühnenbild: Winterlandschaft mit Schneemann
Eingangsszene: Der Schneemann steht mitten auf der Bühne, die Wolke daneben. Das Kind kommt.

Kind: Schneemann, Schneemann, der lieb lacht,
         wer hat dich so schön gemacht?

Wolke: Was fragst du ihn? Ich ließ es schneien.
         Es ist schöner so zu zweien.

Kind: Stimmt, sonst wärst du ganz allein.
         Einen Freund, den brauchst auch du.

Wolke: Ja, das hab ich auch gedacht.
         Darum schneit es immerzu.

Kind: Schneemann, Schneemann, ist dir kalt?
         Warte, die Sonne kommt doch bald.

Wolke: Was fragst du ihn? Ich halte zum Glück
         die wärmende Sonne noch lang zurück.

Kind: Schneemann, Schneemann, sag mir doch,
         wie viel Tage lebst du noch?

Wolke: Was fragst du ihn? Wäre ich gemein,
         hörte ich einfach auf zu schnein.

Kind: Doch dann wärst du ganz allein,
         und ich weiß doch ganz genau:
         Der Schneemann liebt die Wolkenfrau.
         Sieh, wie lieb der Schneemann lacht.

Wolke: Stimmt, das hab ich nicht bedacht,
         dass er allen Freude macht.
         Und du hast ja wirklich Recht:
         Ohne Schneemann ging's mir schlecht.

Das Winterweihnachts-Abwärtsrennen

6-9 JAHRE

3 MINUTEN

Personen: Zwei Reporter
Bühnenbild: Bergige Winterlandschaft
Eingangsszene: Die Reporter sprechen in ihre Mikrofone.

Erster Reporter:	Liebe Zuschauer, es ist wieder so weit.
Zweiter Reporter:	Die Sportler-Elite der Winterweihnachtswelt hat sich eingefunden.
Erster Reporter:	Sportfans aus aller Welt sitzen fiebernd vor dem Fernseher. Wer wird es gewinnen, das Winterweihnachts-Abwärtsrennen.
Zweiter Reporter:	Wer wird ihn gewinnen, den großen Winterweihnachts-Weltcup?
Erster Reporter:	Wie jedes Jahr drei Tage vor Weihnachten jetzt und hier: der Winterweihnachts-Weltcup im Abwärtsrennen.
Zweiter Reporter:	Es geht los, liebe Zuschauer am Fernsehschirm! Da wird schon der erste Teilnehmer aus der Schneekanone geschossen.
Erster Reporter:	*(aufgeregt)* Wer ist es?
Zweiter Reporter:	Wer ist es?
Erster Reporter:	Der Nikolaus!
Zweiter Reporter:	Der Nikolaus auf dem Schlitten sitzt, er ist gerad vorbeigeflitzt.
Erster Reporter:	Er ist schnell. Sehr schnell.
Zweiter Reporter:	Reicht seine Zeit aus? Wird er der Sieger sein?
Erster Reporter:	Der zweite Teilnehmer wird aus der Schneekanone geschossen.
Zweiter Reporter:	Wer ist es?
Erster Reporter:	Wer ist es?
Zweiter Reporter:	Der Weihnachtsmann.
Erster Reporter:	Der Weihnachtsmann auf Skiern. Mensch, der Anblick ist zum Wiehern!
Zweiter Reporter:	Er ist rasend schnell. Ein gute Zeit! Eine tolle Zeit!
Erster Reporter:	Aus der Schneekanone wird der dritte Teilnehmer geschossen.
Zweiter Reporter:	Wer ist es?
Erster Reporter:	Wer es ist? *(schreit)* Das Christkind liegt auf dem Snowboard. Ist rasend schnell – und Sieger.

Die zwei Schneeriesen

6-9 JAHRE
👥👥👥👥
🕐 **4** MINUTEN

Personen: Zwei Kinder, Big Foot, Yeti
Bühnenbild: Winterlandschaft, Schnee mit Spuren
Eingangsszene: Die Kinder untersuchen die Spuren im Schnee.

Erstes Kind:	Wow, ist der Fußabdruck groß!
Zweites Kind:	Was ist das bloß?
	Ist der von einem Menschen? Oder von einem Tier?
Erstes Kind:	Ich weiß es nicht. In Papas Revier
	habe ich so etwas noch nie gesehen.
Zweites Kind:	Wir sollten ihn fragen.
	Als Förster muss er was davon verstehen.
Erstes Kind:	Hier ist eine noch größere Spur.
	Ist die von einer Hand? Oder von einem Fuß?
Zweites Kind:	Auf jeden Fall ist sie riesengroß.
	So ein Tier gibt es nicht in der Natur.
Erstes Kind:	Red keinen Kohl!
	Das gibt es wohl.
	Die Spur geht hier entlang.
Zweites Kind:	Mir ist schon ein bisschen bang.
	Wer macht so eine Riesenspur?
Erstes Kind:	Das wüsste ich zu gern. *(kratzt sich am Kopf)*
	Was kann das nur sein? *(entfernt sich ein wenig)*
Zweites Kind:	Lass mich bloß nicht allein.
	Da kommt etwas auf uns zu! *(Big Foot und Yeti kommen)*
Erstes Kind:	Wow, wer bist denn du?
Big Foot:	Sieh mich an! Rate!
Erstes Kind:	Warte! *(überlegt)*
	Bist du ein Bär?
Big Foot:	Na ja, das stimmt so ungefähr.
	Ich bin Big Foot aus dem Himalaja.

Zweites Kind:	*(ängstlich, versteht nicht richtig)* Hat er was gesagt von der Biene Maja?
Erstes Kind:	Nein. Vom Himalaja, da kommt er her. Das ist ein Gebirge.
Big Foot:	Richtig, in Asien.
Zweites Kind:	Er ist riesengroß.
Erstes Kind:	Aber harmlos, ich wette.
Big Foot:	Ich bin lieb, ich bin kein Kinderfresser. Hier, meine Pfote darauf. *(streckt seine Pfote aus)*
Zweites Kind:	Glaubst du ihm etwa?
Erstes Kind:	*(nimmt Big Foots Pfote)* Na klar, Big Foot ist unser Freund. *(wendet sich an Yeti)* Und wer oder was bist du? *(Yeti schweigt)* Sprich! Oder bist du stumm?
Big Foot:	Er ist mein Freund. Stumm ist er nicht.
Erstes Kind:	Wer bist du, nun sag schon?
Zweites Kind:	Vielleicht ist er dumm.
Big Foot:	Er ist mein Freund. Dumm ist er nicht.
Zweites Kind:	Vielleicht weiß er es nicht. *(kichert)* Wer bist du?
Big Foot:	Ärger ihn nicht. Lass ihn in Ruh.
Erstes Kind:	Sag, er kann doch sprechen wie du? Oder ist er stumm wie ein Fisch?
Big Foot:	Er kann reden. Er ist nicht stumm. Aber – wie soll ich es bloß sagen – er ist ein bisschen eigen.
Erstes Kind:	*(stößt zweites Kind mit Ellbogen an)* Dem werde ich's zeigen! Irgendwie muss ich ihn zum Sprechen bringen.
Zweites Kind:	Du kannst ihn nicht zwingen. *(Erstes Kind zupft dem Yeti das Fell, wartet, keine Reaktion, kitzelt ihn, der Yeti muss lachen, windet sich)*
Yeti:	*(immer noch lachend)* Ich spreche nicht mit Krethi und Plethi.
Erstes Kind:	Warum nicht?
Yeti:	*(stolz)* Ich bin der Yeti.

> Die Leibwache König Davids bestand aus Krethern und Plethern – so steht es in der Bibel.

Der Spatz am Vogelhaus

5-7 JAHRE

☺ ☺ ☺

🕐 4 MINUTEN

Personen: Rotkehlchen, Spatz, Meise
Bühnenbild: Winterlandschaft mit einem Tisch als Vogelhaus
Eingangsszene: Rotkehlchen und Meise irren umher.

Rotkehlchen:	O weh, o weh,
	bei so viel Schnee
	finde ich nichts mehr zu fressen.
	Kein Würmchen gibt es weit und breit.
Meise:	Wie hart ist doch die Winterzeit.
	Auch ich, ich habe längst vergessen,
	wie dicke Würmer schmecken.
Rotkehlchen:	Komm, wir fliegen zum Vogelhaus.
	Vielleicht sollten wir checken,
	ob die Menschen an uns denken.
Meise:	Glaubst du, dass sie mir Würmer schenken?
	Oder Sonnenblumenkerne?
Rotkehlchen:	Daran pick ich auch sehr gerne.
	Lass uns fliegen, es ist nicht weit. *(Rotkehlchen und Meise*
	schwirren hinüber zum Vogelhaus)
Meise:	Wie hart ist doch für Vögel die Winterzeit. *(lässt sich nieder)*
Rotkehlchen:	*(begutachtet das Vogelfutter)* Rosinen, hm, wie lecker!
Meise:	Körner und Flocken für alle Geschmäcker.
Spatz:	*(drängelt Meise beiseite)* He, macht Platz!
	Ich möchte auch picken.
Meise:	*(rückt ein winziges Stück beiseite)* Musst du mir deshalb die
	Federn knicken?
Spatz:	*(drängelt wieder)* Platz für den Spatz!
Meise:	Halt die Klappe und sei leise.
Spatz:	Wer sagt denn das?
Meise:	Na, ich, die Meise.

Spatz:	*(jammert)* Ich bin ein Spatz, der furchtbar hungert.
	Ich möchte bloß ein bisschen picken.
Meise:	*(rückt noch ein bisschen beiseite)* Na dann, fang an!
Rotkehlchen:	Glaubst du etwa dem Dicken?
	Glaubst du, dass der hungert?
	Du, der lügt. Der lungert
	häufig hier am Vogelhaus herum.
Spatz:	*(leise zum Publikum)* Zu dumm!
	(laut) Ich bin der Spatz!
Rotkehlchen:	*(empört)* Wir waren zuerst hier.
	Jetzt ist es ziemlich eng.
	Geht das in dein Spatzenhirn rein?
Spatz:	Nein.
Rotkehlchen:	*(beiseite)* Alles müssen sie verpatzen,
	diese Spatzen!
Meise:	Lass ihn doch, sei nicht so streng.
Rotkehlchen:	*(zum Spatz)* He, kannst du nicht warten?
Meise:	*(gutmütig)* Der Spatz
	ist einer von den geschützten Arten.
Spatz:	*(rückt näher)* He, Meise, du bist ein Schatz. *(legt seinen Flügel um die Meise)*
	Und ich bin dein Spatz!

Hasenhunger

5-7 Jahre
☹☹☹
🕐 **6** Minuten

Personen: Fuchs, Füchschen, Häschen
Bühnenbild: Winterlandschaft, Feld mit Kohlkopf
Eingangsszene: Häschen duckt sich auf dem Feld, Fuchs und
Füchschen stehen in einiger Entfernung.

Füchschen:	Papa …
Fuchs:	*(steht reglos und späht in die Gegend)* Ja?
Füchschen:	Meine erste Jagd! Du hast gesagt, die wird Spaß machen.
Fuchs:	Das haben wir gleich, du wirst sehen. Nur ein wenig Geduld.
Füchschen:	Ich friere. Mir ist kalt.
Fuchs:	Lauf ein bisschen herum. Dann wird dir wärmer. *(Füchschen läuft herum, schlägt Purzelbaum)* Na, ist es nun besser?
Füchschen:	Ja, jetzt ist mir warm. *(wippt und blickt hin und her)* Papa …
Fuchs:	*(steht reglos und späht in die Gegend)* Ja?
Füchschen:	Mir ist so langweilig.
Fuchs:	Da liegt ein Kohlkopf. Spiel ein bisschen Fußball damit. *(Füchschen dribbelt den Kohlkopf)* Na, ist es nun besser?
Füchschen:	Ja, Fußball ist große Klasse. Allein macht es aber keinen Spaß. Ich brauche einen Torwart.
Fuchs:	Hm.
Füchschen:	Papa …
Fuchs:	*(steht reglos und späht in die Gegend)* Ja?
Füchschen:	Ich habe Hunger. Sogar gewaltigen Hunger.
Fuchs:	Das haben wir gleich, du wirst sehen. Nur ein wenig Geduld. *(deutet auf das Häschen, belehrend)* Siehst du das Häschen drüben auf dem kahlen Feld?
Füchschen:	Klar, Papa. Meinst du, es spielt mit mir Fußball? Es könnte Torwart sein.
Fuchs:	Nein, Füchse spielen nicht mit Hasen Fußball.
Füchschen:	Kann ich mich an sein Fell kuscheln? Das ist bestimmt weich und warm. Mir ist kalt.

Fuchs:	Nein, Füchse kuscheln sich nicht an Hasenfell.
Füchschen:	Das Häschen macht mit seiner Nase immer so. *(bewegt seine Nase)* Ob die vor Hunger zittert? Das Häschen ist bestimmt so hungrig wie ich.
Fuchs:	Sieh richtig hin! Das musst du dir merken. Wenn eine Hasennase so zittert, heißt das, der Hase wittert.
Füchschen:	Wen wittert er, Papa?
Fuchs:	Uns.
Füchschen:	Das Häschen ist noch klein.
Fuchs:	Stimmt, es könnte etwas größer sein.
Füchschen:	Vielleicht hat das Häschen doch Hunger.
Fuchs:	Es sieht schwach aus. Das ist gut.
Füchschen:	Papa, das ist gar nicht gut. Denkt nach, Papa, was fressen Häschen eigentlich?
Fuchs:	Kohlstrünke. Ein schwacher Hase kann nicht schnell laufen und Haken schlagen. *(Füchschen läuft mit dem Kohlkopf eilfertig auf das Häschen zu)* Wo willst du hin?
Füchschen:	Ich gebe dem Häschen ein Strünklein Kohl. Vielleicht spielt es dann mit mir Fußball.
Fuchs:	Aber Füchse füttern Hasen nicht.
Füchschen:	Was machen Füchse dann mit Hasen?
Fuchs:	*(verlegen)* Na ja …
Füchschen:	Mama sagt immer, ich soll meinen Geschwistern was abgeben.
Fuchs:	Hasen sind keine Geschwister von Füchsen.
Füchschen:	Aber wenn das Häschen Hunger hat? Du hast selbst gesagt, es sieht schwach aus. Und Teilen ist doch gut, oder, Papa?
Fuchs:	*(verlegen)* Na ja …
Füchschen:	*(gibt dem Häschen ein Kohlblatt, sie umarmen sich, Häschen hoppelt davon)* Bist du jetzt sauer auf mich? Mensch, Papa, Kohl mögen wir Füchse doch nicht.

Der Vetter vom Weihnachtsmann

6-8 JAHRE
👥👥
🕐 **4** MINUTEN

Personen: Kind, Winter
Bühnenbild: Schneelandschaft mit Bank
Eingangsszene: Der Winter sitzt auf der Bank, das Kind kommt
neugierig näher.

Winter: *(sieht sich um)* Oh, viele Jahre war ich fort,
bin endlich wieder hier im Ort.
Bis zum Mai werde ich bleiben.
Niemand wird mich hier vertreiben.
Hier fühle ich mich ganz zu Haus.

Kind: Wer bist denn du? Wie siehst du aus?
Dich habe ich noch nie gesehen.
Oh, Frost beißt mir in meine Zehen.
Es friert die Atemluft vorm Mund.
Huh – bist du ein Vagabund?

Winter: Jetzt gibt es Schnee, jetzt gibt es Eis.
Das freut doch Kinder, wie ich weiß.
Wenn ich hier sitze, wird es kalt.

Kind: Ich wünschte, Weihnachten wär bald.
Kennst du vielleicht den Weihnachtsmann?

Winter: Wartest du auf ihn? Sieh an! Sieh an!
Ich kenne ihn. Bin auch mit ihm verwandt.

Kind: Ich bin schon so gespannt. *(bemerkt den Sack)*
Was er diesmal mir wohl schenkt?
Ob er an das Skateboard denkt?
Ist der Weihnachtsmann dein Bruder?

Winter: Der Schnee fällt dichter schon – wie Puder.
Der Weihnachtsmann ist bloß mein Vetter.

Kind: Ich find dich cool und eigentlich netter.
Kommst auch du vom Nordpol mit Rentier und Schlitten?

Winter: Für mich, da gelten andere Sitten.

Ich komme zu Fuß auf allen Wegen.
Zieh ich vorüber, kann nichts mehr sich regen
in der Natur. Denn auf diesen Eiszapfen *(zeigt seine Beine)*
werde nach Süden ich unbeirrt stapfen.

Kind: *(zweifelnd)* Bist du doch der Weihnachtsmann?

Winter: Nein, wirklich nicht. Schau mich nur an!

Kind: *(deutet auf die Haare)* Aber auch deine Haare sind weiß.

Winter: Flüsse und Bäche froren zu Eis.

Kind: *(fasst an seinen Bart)* Du hast wie er einen weißen Bart.

Winter: Es ist Wasser zu lauter Zapfen erstarrt.

Kind: Du trägst wie der Weihnachtsmann huckepack
einen geheimnisvollen Sack.
Sag mir doch bitte, was ist darin?

Winter: Alles, was ich, der Winter, bin:
Kälte und Frost, Hagel und Eis,
Raureif, Eisblumen, und das alles schön weiß.
Dazu jede Menge Schnee, Schnee.

Kind: *(ein bisschen enttäuscht)* O je!
Wenn ich es recht bedenke,
hätte ich lieber einen Sack voll Geschenke.

Winter: Ich habe nur diesen Sack voll Schnee.
Schnee ist viel schöner, glaub mir! Herrje!
Du musst mir vertrauen.
Du kannst Iglus und Schneemänner bauen,
Schlitten oder Snowboard fahren.
Ich werde an Schnee sicher nicht sparen. *(lässt es schneien)*
Liegt Schnee schon kniehoch und fällt immer noch sacht …

Kind: *(plötzlich begeistert)* … ist am allerschönsten die
Schneeballschlacht.

Sehr hübsch: Zum Abschluss wird das Lied *Hei, hei, hei, es
fallen weiße Flocken* von S. 26 gesungen, die Zuschauer
stimmen mit ein.

(Singspiel)

Hei, hei, hei, es fallen weiße Flocken

6-8 JAHRE

4 MINUTEN

Personen: Zwei Kinder, ein Schneemann
Bühnenbild: Links das Hausinnere mit Tannenbaum, rechts Winterlandschaft mit Schneemann und Schlitten, dazwischen Fenster und Tür (aus Dachlatten)
Eingangsszene: Der Schneemann steht klein geduckt. Schnee fällt.

Hei, hei, hei, es fallen weiße Flocken

Erstes Kind:	*(steckt den Kopf aus dem Fenster, singt)* Hei, hei, hei, es fallen weiße Flocken.
	Niemand bleibt da vor der Glotze hocken.
Zweites Kind:	*(singt)* Jeder drängt nach draußen nun. *(zieht das erste.Kind nach draußen)*
	Denn da gibt es viel zu tun: *(Das erste Kind baut den Schneemann, der sich nun aufrichtet, das zweite Kind wirft Schneebälle)*
Erstes u. zweites Kind:	*(singen)* Schneemann baun und Schneeballschlacht,

	Schlitten fahren, dass es kracht. *(sie setzen sich auf den Schlitten, zum Schneemann)*
	Schneemann, was sagst du dazu?
Schneemann:	*(schüttelt Kopf)* Kinder, gebt doch endlich Ruh!
	Am Tannenbaum gehen die Lichter an. Es schneit mehr.
Zweites Kind:	*(singt)* Weihnachten, der Schnee fällt immer dichter,
	und am Weihnachtsbaum brennen die Lichter.
Erstes Kind:	*(zieht das zweite Kind hoch und ins Haus, singt)* Alles drängt ins Warme nun.
	Denn auch da gibt's viel zu tun:
Erstes u. zweites Kind:	*(singen)* Krippenspiel und Plätzchenschlacht,
	Nüsse knacken, dass es kracht.
Zweites Kind:	*(steckt Kopf aus dem Fenster, singt)* Schneemann, was sagst du dazu?
Schneemann:	*(erleichtert)* Kinder, endlich hab ich Ruh!
Zweites Kind:	Hei, hei, hei, es fallen weiße Flocken.
	Niemand bleibt da vor der Glotze hocken.
Erstes Kind:	*(steckt Kopf aus dem Fenster, singt)* Jeder drängt nach draußen nun.
	Denn da gibt es viel zu tun.
Erstes u. zweites Kind:	*(kommen nach draußen, singen)* Schneemann baun und Schneeballschlacht,
	Schlitten fahren, dass es kracht. *(Schneemann fällt)*
Erstes u. zweites Kind:	*(singen)* Schneemann, was sagst du dazu?
Schneemann:	*(singt matt)* Kinder, gebt doch endlich Ruh!
	Weihnachten, der Schnee fällt immer dichter
	Und am Weihnachtsbaum brennen die Lichter.
	Alles drängt ins Warme nun.
	Denn auch da gibt's viel zu tun:
	Krippenspiel und Plätzchenschlacht,
	Nüsse knacken, dass es kracht.
Refrain:	Schneemann, was sagst du dazu?
	Kinder, gebt doch endlich Ruh!

Schnee-Rap-Duett

8 -12 JAHRE

👥👥

🕐 **4** MINUTEN

Personen: Zwei Eisbären
Bühnenbild: Schneelandschaft, gemalte Skiläufer, Skier
Eingangsszene: Die Eisbären stehen auf den Skiern und lehnen sich nach vorn.

Erster Eisbär:	Ich sause am liebsten von ganz weit oben
	den Abhang hinunter bis tief ins Tal.
	Da vorn auf der Piste lass ich andere toben,
	was die da anstellen, ist mir doch egal.
Zweiter Eisbär:	Ich bin gern für mich, Einsamkeit ist mir recht.
	Bei so vielen Menschen, da wird mir kotzübel.
Erster Eisbär:	Stimmt, bei Gedrängel, da wird mir echt schlecht.
	Da bleibt kein Gedanke, worüber ich grübel.
Zweiter Eisbär:	Auch mein Gehirn ist dann leer wie 'ne Schachtel.
	Ich riech nicht mal Schneegans oder die Wachtel.
Erster Eisbär:	Hier, wo der Schnee kniehoch unberührt ist
	und wo ich allein bin, die Spur selber mache …
Zweiter Eisbär:	… und wo du als Eisbär so schnell wie ein Jet bist,
	ja, wo dir der Wind nur noch Ohren und Fell zaust …
Erster Eisbär:	… ist Geschwindigkeit super, 'ne ganz tolle Sache!
	Selbst wenn vorm Abgrund, der tief ist, dir graust.
Zweiter Eisbär:	Na klar, manchmal fall ich auch auf den Hintern …
Erster Eisbär:	… und ich fall manchmal sogar auf den Bauch.
Zweiter Eisbär:	Das macht nichts, da ist eben so in den Wintern.
Erster Eisbär:	Und lösen wir öfter Lawinen aus …
Zweiter Eisbär:	… die dann ins Tal donnern mit viel Getöse …
Erster Eisbär:	… sind die da drüben auf uns manchmal böse.
Zweiter Eisbär:	Egal! Eisbären sind nur im Schnee zu Haus.

Wünsche, Geschenke und Heimlichkeiten: Die Wochen vor dem Weihnachtsfest

Spätestens Nikolaus wird sie eingeläutet, die Zeit der intensiven Weihnachtsvorbereitungen. Jetzt geht es um Geschenke, um Wünsche, um Neugier und Heimlichkeiten. Kinder lernen das Gedicht für den Heiligen Abend, wir alle üben Weihnachtslieder. Geschenke müssen bedacht und gemacht, Lebkuchen, Stollen und Plätzchen, deren Duft Vorfreude und Erwartung weckt, müssen gebacken werden.
Es gibt jede Menge zu tun. Also, in die Hände gespuckt ...

Das ist der Hammer

5-7 JAHRE

3 MINUTEN

Personen: Kind, Mutter, Vater

Bühnenbild: Regal, Sessel, Hammer, viele Holzteile

Eingangsszene: Kind sitzt auf der Bühne und hämmert, Mutter und Vater seitlich hinter der Tür

Vater:	*(ruft von rechts)* Wo ist mein Hammer?
Mutter:	*(ruft von links)* Wo er immer ist. Im Regal.
Vater:	Da war er aber nicht.
Mutter:	Da muss er aber sein. *(Kind hämmert weiter)*
Vater:	Du musst ihn haben.
Mutter:	Ich habe ihn aber nicht.
Vater:	Ich höre dich doch hämmern.
Mutter:	Ich hämmere nicht, ich koche.
Vater:	Aber irgend jemand hämmert doch! *(Kind legt Hammer beiseite)* Tina, hämmerst du?
Kind:	*(blickt auf den Hammer)* Nein, Papa.
Vater:	Tina, kannst du das Regal sehen?
Kind:	*(blickt zum Regal)* Ja, Papa.
Vater:	Liegt da der Hammer?
Kind:	Nein, Papa.
Vater:	Was habe ich dir gesagt? Der Hammer ist nicht im Regal.
Mutter:	Er muss da aber sein.
Vater:	Wenn ich es dir doch sage ...
Mutter:	Du brauchst doch bloß deine Augen aufzumachen ... *(Vater und Mutter kommen von rechts und links auf die Bühne. Das Kind lässt Geschenk unterm Sessel verschwinden und schubst den Hammer ein Stückchen von sich weg)*
Vater:	*(zeigt auf das Regal)* Hier! Was ist das, bitte schön?
Mutter:	Das Regal.
Vater:	*(aufgeregt)* Und? Wo ist der Hammer?
Mutter:	Ich habe ihn hier hingelegt. *(sucht auf allen Regalbrettern)*

Vater: Tina hast du den Hammer nicht gesehen?

Kind: *(zuckt die Achseln)* Was soll ich denn mit einem Hammer?

Vater: Aber jemand hat gehämmert.

Mutter: *(entdeckt den Hammer auf dem Boden)* Da ist der Hammer ja.

Vater: Wer hat ihn denn da hingelegt? *(hebt ihn auf)* Also hat doch jemand gehämmert.

Mutter: *(betont)* Ich war's nicht.

Vater: *(betont)* Ich war's auch nicht.

Mutter: Wer dann?

Vater: Das möchte ich auch wissen.

Kind: Vielleicht der Weihnachtsmann, Papa.

Ein Weihnachtsmäuschen im Haus

5-7 JAHRE

5 MINUTEN

Personen: Mutter, Vater, Kind mit Mausmaske
Bühnenbild: Ein Zimmer, vielleicht mit einem gedeckten Tisch
Eingangsszene: Das Kind tanzt mit der Mausmaske auf der dunklen Bühne.

Kind mit Maske:	Trippel trapp durch das Haus
	trippelt eine kleine Maus
	in der Nacht, in der finsteren Nacht.
	Was die Maus da wohl macht?
	Diese Maus ist gewitzt.
	Ob sie euch was stibitzt?
	Trippel trapp, trippel trapp
	Trippel trapp nicht zu knapp.
	Trippel trapp durch das Haus
	trippelt eine kleine Maus
Es wird Tag –	in der Nacht, in der finsteren Nacht.
Licht an!	*(Das Kind nimmt die Mausmaske ab und legt sie beiseite.)*
Vater:	*(sucht verzweifelt nach seiner Krawatte)* Ich kann meine Lieblingskrawatte nicht finden.
	Ich wollte sie zur Weihnachtsfeier in der Firma umbinden.
Mutter:	Hast du auch richtig nachgesehen?
	Wo ist sie bloß? Ich kann es nicht verstehen.
Vater:	Verdammt! Ich bin doch nicht blind.
Mutter:	*(hilfsbereit, sucht mit)* Ich bitte dich, nicht vor dem Kind!
	Du musst nicht fluchen.
	Komm, ich helfe dir suchen.
Vater:	Es hat keinen Zweck, ich komme zu spät. *(eilt zur Tür, sieht Kind mit Schulranzen)*
	Was willst du eigentlich Mama zu Weihnachten schenken?
Kind:	Nach der Schule, Papa, hab ich Zeit, darüber nachzudenken.
	(Das Kind setzt die Mausmaske auf)

Es wird Nacht –	Trippel trapp durch das Haus
Licht aus!	trippelt eine kleine Maus
	in der Nacht, in der finsteren Nacht.
	Was die Maus da wohl macht?
	Diese Maus ist gewitzt.
	Ob sie euch was stibitzt?
	Trippel trapp, trippel trapp
	Trippel trapp nicht zu knapp.
	Trippel trapp durch das Haus
	trippelt eine kleine Maus
Es wird Tag –	in der Nacht, in der finsteren Nacht.
Licht an!	*(Das Kind nimmt die Mausmaske ab und legt sie beiseite)*
Mutter:	*(sucht)* Wo ist bloß meine hübsche Schatulle?
Vater:	Iss lieber deine Butterstulle.
	Du kommst zu spät sonst ins Büro.
Mutter:	Hätte ich das Kästchen wieder, wär ich froh. *(eilt zur Tür, sieht das Kind mit Schulranzen)*
Vater:	*(ruft)* Liebes, denk doch bitte an den Grappa.
Mutter:	*(zum Kind)* Du brauchst noch ein Geschenk für Papa.
Kind:	Ach, Mama, was du dir so denkst,
	ein Geschenk für Papa, das hab ich doch längst.
	(wieder mit Mausmaske) Trippel trapp durch das Haus
	trippelt eine kleine Maus
	in der Nacht, in der finsteren Nacht.
	Was die Maus da wohl macht?
	Diese Maus ist gewitzt.
	Ob sie euch was stibitzt?
	Trippel trapp, trippel trapp
	Trippel trapp nicht zu knapp. *(nimmt die Mausmaske ab)*
	Ich schenke Papa die schöne Krawatte,
	die er am allerliebsten hatte.
	Und für Mama ist dieses Kästchen aus Lack.
	Das ist genau nach ihrem Geschmack.

Der Weihnachtsmann im Winterschlaf

5-7 JAHRE
☺ ☺ ☺
🕐 **4** MINUTEN

Personen: Weihnachtsmann, Engel, Himmelhund
Bühnenbild: Weidelandschaft mit Schafen
Eingangsszene: Der Weihnachtsmann liegt auf seinem Sack
unbemerkt zwischen Schafen, schläft und schnarcht. Der Engel
kommt mit dem Himmelhund.

Engel:	*(zeigt empört auf Kalender)* Wie sollen Kinder das verstehen?
	Noch hat ihn keiner bisher gesehen,
	und nur noch zehn Tage bis zum Fest.
	Warum er sich bloß so viel Zeit diesmal lässt?
	Weit und breit nicht die kleinste Spur!
	Himmelhund, was machen wir nur?
Himmelhund:	Ich lief schon, so weit meine Pfoten mich trugen.
	Ich schnüffelte ab das ganze Revier.
	Du sahst unter Eisschollen am Nordpol mich lugen. *(horcht)*
	Hier schnarcht doch wer wie ein Murmeltier.
Engel:	Dann wird es ein Murmeltier auch sein.
Himmelhund:	Es klingt viel rauer, nicht so fein.
	Hör bloß, es poft und ratzt und sägt
	dort drüben zwischen all den Lämmern,
	was sich mit Murmeltieren nicht verträgt.
	Oh jemine – es tut mir dämmern. *(erkennt den Weihnachtsmann)*
Engel:	*(dreht Weihnachtsmann um)* Dass ihn der heilige Blitz nicht traf!
	Der Weihnachtsmann hält Winterschlaf?
	Das ist doch nicht zu fassen.
Himmelhund:	Willst du ihn denn nicht schlafen lassen?
	Sieh nur, wie müde er aussieht und alt.
Engel:	Ist mir egal! Das Weihnachtsfest ist schließlich bald.
	Wer soll den Kindern die Geschenke bringen?
	Wem sollen sie Weihnachtslieder singen?
Himmelhund:	Sieh bloß zu, dass er sanft aufwacht.

Wenn er erschrickt und fällt tot um,
dann Weihnachten ade, gute Nacht.

Engel: Himmelhund, das wäre dumm.
Doch höchste Zeit, ihn aufzuwecken.

Himmelhund: Soll ich ihn ganz zart mal lecken?

Weihnachtsmann: *(murmelt)* Hooho!
So so!

Engel: So kommen wir nicht weiter, schon gut, schon gut.
Versuchen wir's lieber mit englischer Wut.
Denn eines ist sicher – o welch ein Graus! –
lässt er das Weihnachtsfest dieses Mal aus,
wird niemals mehr ein Kind ihn beachten.

Weihnachtsmann: *(gähnt)* Hooho, haben wir denn schon Weihnachten?

Engel: *(läutet die Glocke, singt)*

Hörst du, wie das Glöckchen klingt

Himmelhund: *(singt)* Hörst du jetzt mein kleines Lied,
lieber Weihnachtsmann?
Du erkennst daran:
Weihnachten fängt endlich an.

Der Backlehrling

6-12 JAHRE
☺☺☺
🕐 5 MINUTEN

Personen: Backlehrling, Lebkuchenmann, Mutter
Bühnenbild: Küche
Eingangsszene: Der Backlehrling ist eifrig mit der Herstellung des Lebkuchenmanns beschäftigt, der reglos auf dem Tisch liegt.

Backlehrling: Hat Mama sich aus der Küche
endlich doch mal wegbegeben,
und so kann ich schnell und heimlich
meine Backlust voll ausleben.
Das Rezept, das kenn ich,
vom Lebkuchenmann,
mische die Zutaten,
wie Mama das kann.
Ist der Teig erst fertig,
forme ich den Kopf.
Augen sind Rosinen,
Rosinen sind der Schopf.
Auf zwei Beinen stehe,
Hände kriegst du auch,
und mit weißen Mandeln
verzier ich deinen Bauch.
Zacke zicke zicke zacke
Backe bitte, bitte backe
Braun und *(überlegt)* brutzlig, ohne Macke.

Lebkuchenmann: *(sehr lebendig)* Halt, es ist genug gebacken!
Bin ich doch schon springlebendig.
Hüpfe schnell auf beide Hacken.
Du wirst sehen, ich bin wendig!

Backlehrling: Ach herrje, was ist geschehen?
Wie er grimmig mich schaut an!

	Le-Lebkuchenmann, bleib stehen,
	dass ich dich auch packen kann.
Lebkuchenmann:	Glaubst wohl gar, du kannst mich essen?
	Hach, so wird hier nicht gewettet.
	Schmatz – ich werde dich jetzt fressen.
Backlehrling:	*(entsetzt)* Kommt denn niemand, der mich rettet?
	Ach, mir wird ums Herz ganz enge.
	Warum blickst du bloß so strenge?
	Seh ich deinen Blick voll Tücke,
	such ich Schutz in dieser Lücke. *(zwängt sich zwischen Handtücher)*
Lebkuchenmann:	Das wird dir auch nicht viel nützen.
	Ich bin flinker, als du denkst.
	Niemand wird vor mir dich schützen, *(Backlehrling windet sich und hält nach Hilfe Ausschau)*
	selbst wenn du den Hals verrenkst.
Backlehrling:	Himmel hilf, er fasst mich an!
	Doch es nützt ja nichts zu fluchen,
	besser ists in meiner Not,
	Hilf' beim Zauberspruch zu suchen.
	Warte, Teufel, gleich vorbei
	ist es mit der Springerei.
	Zacke bitte zicke Backe
	Backe zicke, bitte Zacke
	Braun und brutzlig ohne Macke.
Lebkuchenmann:	Dummkopf, glaubst, mich so zu kriegen?
	Hach, da muss ich aber lachen!
	Nicht auf Brechen oder Biegen
	rückgängig kannst du es machen!
	(reißt seinen Rachen auf)
Backlehrling:	Himmel hilf, wie ungesund
	reißt er auf jetzt seinen Schlund!
	Weh, es ist um mich geschehen!

Mama, komm, o hör mein Flehen! *(erleichtert)*
Ach, da kommt die Mama schnell!

Mutter: Zur rechten Zeit bin ich zur Stell! *(beschwörend)*
Zacke zicke zicke zacke,
bitte backe backe bitte,
brutzlig braun nach alter Sitte.
Denn du sollst uns ja nicht schrecken.
Nein, o nein, uns sollst du schmecken. *(Der Lebkuchenmann erstarrt)*

> Die Rolle der Mutter können Mutter, Vater, Oma oder Opa übernehmen. Ersetzen Sie dann im Text *Mama* durch: Papa, Oma, Opa.

Nikolaus

Ni - ko - laus, Ni - ko - laus, sieh doch mal her! Hier steht mein

Tel - ler - chen, das ist noch leer. Ni - ko - laus, Ni - ko - laus, leg doch was

drauf! Tust du es nicht, dann Ni - ko - laus lauf!

(Singspiel)   Der vergessliche Nikolaus (Singspiel)

4-5 Jahre

👥

🕐 **3** Minuten

Personen: Kind, Nikolaus
Bühnenbild: Teller und Stiefel diagonal über Bühne verteilt,
Eingangsszene: Das Kind beobachtet, wie Nikolaus ankommt,
und zeigt auf einen Teller.

Nikolaus: *(singt)* Nikolaus bin ich ja,
bin schon sehr alt.
Werde vergesslich auch
draußen im Wald. *(geht umher und verteilt Geschenke auf
Teller und Stiefel, vergisst die Geschenke für einen Teller und
einen Stiefel)*
Doch für die Kinder,
die brav sind und fromm,
jedes Jahr gerne
ich wiederkomm.

Kind: *(zeigt auf einen Stiefel, singt)* Nikolaus, Nikolaus,
das ist nicht fair!
Hier steht mein Stiefelchen,
das ist noch leer.
Nikolaus, Nikolaus,
leg doch was drauf. *(holt die Rute hervor, droht und jagt
Nikolaus davon)*
Tust du es nicht,
dann Nikolaus lauf! *(Nikolaus rennt weg und lässt den Sack
zurück)*

In der Weihnachtsbäckerei-Schule

6-12 JAHRE

😊😊😊

🕐 4 MINUTEN

Personen: zwei Lehrlinge, ein Oberbäcker

Bühnenbild: Backstube mit Tisch, Zutaten, Ofen, darin versteckt Blech mit Plätzchen

Eingangsszene: Die Lehrlinge arbeiten hinter dem Tisch, unter dem sie abwechselnd verschwinden. Der Oberbäcker belehrt sie mit erhobenem Zeigefinger.

Oberbäcker:	Weiß und Gelb ist nicht dasselbe.
	Trennt zuerst vom Ei das Gelbe.
Lehrlinge:	*(hantieren mit Zutaten, singen)*

Bei der Weihnachts-bäckerei

Oberbäcker:	*(belehrend, mit erhobenem Zeigefinger)* Könnt ihr auch genug nicht kriegen,
	Mehl und Zucker muss man wiegen,
	selbstverständlich auch Kakao,
	fürs Rezept aufs Gramm genau.
	Nicht zu viel und nicht zu wenig,
	nur dann wird der Teig schön sämig.
Lehrlinge:	*(hantieren mit Zutaten, singen)* Bei der Weihnachtsbäckerei
	rührn wir Zucker und ein Ei.
	Mehl und Milch und Mandeln

einfach sich verwandeln
in Weihnachtskleckerei.

Oberbäcker: *(schimpft empört)* Hach, müsst ihr wie toll so kleckern,
habt ihr, o verflucht, bei Bäckern
nichts zu suchen, nichts zu tun!
So, jetzt muss der Teig schön ruhn!
Müsst ihr alles mir verschütten?
Meine Nerven ganz zerrütten?

Lehrlinge 1 und 2: *(ducken sich, kommen mit Kopf wieder hervor, singen)* Bei der
Weihnachtsbäckerei
sind sehr eifrig wir dabei.
Mehl und Milch und Mandeln
einfach sich verwandeln
in Weihnachtsmeckerei.

Oberbäcker: *(zieht Blech aus dem Ofen)* Singt nur weiter! Ich muss schuften!
Fangen Plätzchen an zu duften,
aus dem Ofen muss das Blech!
Hände weg! Seid bloß nicht frech!
Hier wird nicht genascht, stibitzt!
Weil die Hand mir locker sitzt! *(droht mit der Hand)*

Lehrlinge: *(stibitzen Plätzchen, singen)* Ist die Weihnachtsbäckerei
fertig, sind wir auch dabei.
Mehl und Milch und Mandeln
konnten wir verwandeln
in Weihnachtsschleckerei.
(Der Oberbäcker jagt sie um den Tisch)

Der neugierige Engel

5-7 JAHRE

5 MINUTEN

Personen: Rentier Rudolf, Engel, Osterhase
Bühnenbild: Schneelandschaft mit Schlitten, eine Trittleiter
Eingangsszene: Rentier Rudolf steht vor dem Schlitten, der Engel hockt auf der Trittleiter.

Engel:	Sag mal, Rudolf, weiß du eigentlich, was in all den Päckchen und Paketen drin ist?
Rentier Rudolf:	Nee.
Engel:	Sagt er dir das nicht?
Rentier Rudolf:	Nee.
Engel:	Aber er lässt dich doch den Schlitten mit all dem Zeug ziehen.
Rentier Rudolf:	Na und?
Engel:	Da könnte er dir wenigstens sagen, womit du dich da abschleppst.
Rentier Rudolf:	Ja, das könnte er. Tut er aber nicht.
Engel:	Bist du gar nicht neugierig?
Rentier Rudolf:	Nee.
Engel:	Schau, hier ist ein ganz großes Paket.
Rentier Rudolf:	Da sind bestimmt auch ganz kleine Pakete.
Engel:	Also, ich an deiner Stelle wäre furchtbar neugierig.
Rentier Rudolf:	Du an meiner Stelle könntest den Schlitten nicht ziehen.
Engel:	Wenn ich ihn ein kleines Stück ziehe, schauen wir dann in das große Paket?
Rentier Rudolf:	In das große Paket schauen wir nur, wenn du den Schlitten ein großes Stück ziehst.
Engel:	*(zieht den Schlitten, bleibt stehen)* Pu, der ist schwer!
Rentier Rudolf:	Wem sagst du das?
Engel:	*(schiebt noch ein bisschen)* Reicht das?
Rentier Rudolf:	*(nickt)* Für das kleine Paket.
Engel:	Ich möchte in das große Paket schauen.
Rentier Rudolf:	Na dann!

Engel:	*(schiebt den Schlitten ein langes Stück, außer Atem)* Mir reicht's.
Rentier Rudolf:	Mir auch.
Engel:	*(dreht und wendet das große Paket)* Da steht sein Name drauf.
Rentier Rudolf:	Auf jedem Paket steht ein Name. Das ist Vorschrift.
Engel:	Hörst du schwer? Da steht SEIN Name drauf.
Rentier Rudolf:	Ein Geschenk für den Weihnachtsmann?
Engel:	*(dreht das Paket)* Vielleicht ein Geschenk von einem der Kinder.
Rentier Rudolf:	Ich dachte, die Geschenke sind für Kinder. Nicht von Kindern. *(wirft Pakete und Päckchen durcheinander)* Vielleicht ist auch ein Geschenk für mich dabei.
Engel:	*(hilft ihm beim Suchen)* Nichts.
Rentier Rudolf:	*(traurig)* Kein Geschenk. Das ist gemein.
Engel:	Wir machen sein Paket jetzt auf.
Rentier Rudolf:	Wer schenkt dem bloß was?
Engel:	*(kichert)* Vielleicht schenkt er sich selber was.
Rentier Rudolf:	Los, mach auf!
Engel:	*(löst die Schnur, öffnet das Paket)* Oh!
Osterhase:	*(richtet sich auf und breitet die Pfoten aus)* Überraschung!
Rentier Rudolf:	Wer bist du?
Osterhase:	Der Osterhase. Ich löse dich und deinen Chef ab!

Der Osterhase kann ein Stoffhase sein.
Engel: *(hält ihn hoch)* Überraschung!
Rentier Rudolf: Was ist das?
Engel: Der Osterhase. Er löst dich und deinen Chef ab!

Das Geschenk für Großmama und Großpapa

6-10 JAHRE

☺☺☺

🕐 1 MINUTEN

Personen: Drei Kinder

Bühnenbild: Zimmer, Tisch und Stühle

Eingangsszene: Jedes Kind ist mit etwas anderem beschäftigt.

Erstes Kind:	Wir brauchen noch ein Geschenk für Großmama und Großpapa.
Zweites Kind:	Ich denke, du willst dir was einfallen lassen.
Drittes Kind:	Ja, hast du schon eine Idee?
Erstes Kind:	Nein.
Drittes Kind:	Du bist unser Prof. Und du hast es versprochen.
Zweites Kind:	Was man verspricht, muss man halten.
Erstes Kind:	Wenn ihr meint. *(setzt sich abseits, nimmt Block und Stift, starrt in die Luft)*
Zweites Kind:	Ich spiele Memory. Wer spielt mit mir?
Drittes Kind:	Ich singe lieber die neuen Weihnachtslieder. Wer singt mit mir?
Zweites Kind:	Wer liest mir die Geschichte vom Winterwurzel vor?
Drittes Kind:	*(geht zur Tür und ruft)* Mama, backst du mir Pfannkuchen?
Stimme:	Nein, es gibt keine Extrawurst.
Drittes Kind:	Großmama hätte das aber gemacht.
Zweites Kind:	Papa? Papa? *(wartet)* Papa hört nie zu, er hat immer was anderes zu tun.
Drittes Kind:	Wenn ich Großpapa was erzähle, hört er immer zu.
Zweites Kind:	Großmama auch. *(zuckt die Achseln)* Na ja, die beiden sind eben toll.
Erstes Kind:	*(legt den Stift hin)* So, das Geschenk für Großmama und Großpapa ist fertig.
Zweites Kind:	Das ging ja schnell. Wie hast du das denn so schnell gemacht?
Erstes Kind:	Ich habe euch einfach nur zugehört.
Drittes Kind:	Und wo ist das Geschenk, bitte schön?
Erstes Kind:	*(wedelt mit Blättern)* Hier.
Drittes Kind:	Was? Nur ein Blatt Papier?

Erstes Kind: *(jeweils zu dem entsprechenden Kind gewendet)* Du wolltest doch Memory spielen. Du wolltest singen. Du wolltest die Geschichte vom Winterwurzel vorgelesen bekommen. Und du wolltest doch, dass Mama dir Pfannkuchen backt. Und du hast dich beschwert, dass Papa dir nicht zuhört. *(zweites und drittes Kind lesen)*

Zweites Kind: Mensch, Prof, das ist super.

Drittes Kind: Das ist wirklich ein Klassegeschenk. Das probieren wir jetzt sofort alle zusammen.

Alle drei Kinder: *(singen)*

Die Großmama, der Großpapa, sind beide wundervoll

Wer spielt mit mir? Wer singt mit mir? Liest mir Ge-schich-ten vor? Wer kocht mein Lieb-lings-es-sen? Hat stets ein off-nes Ohr? Die Groß-ma-ma, der Groß-pa-pa, sind bei - de wun-der - voll. Doch ganz be-son-ders Weih-nach-ten find ich sie ein - fach toll!

Wer lacht mit mir?
Wer albert rum
und kitzelt mich am Zeh?
Wer nimmt mich in die Arme
und tut mir niemals weh?
Refrain

Wer backt mit mir
und bastelt gern?
Ist stets für mich bereit?
Erzählt die besten Märchen
aus längst vergangner Zeit?
Refrain

Der Plätzchen-Roboter

5-7 JAHRE

☻☻☻

⏱ **3** MINUTEN

Personen: Der Chef (Gott), ein Ingenieur, ein Roboter
Bühnenbild: Thronsaal
Eingangsszene: Der Chef sitzt auf einem Thron, Ingenieur steht neben Roboter

Chef:	Und es klappt wirklich?
Ingenieur:	Wenn ich es Ihnen sage, Chef. Alle Versuche sind Eins-A verlaufen.
Chef:	*(bedenklich)* Es wäre eine gute Sache für die Menschen.
Ingenieur:	Sicher, Chef. Alle Roboter funktionieren einwandfrei. *(demonstriert)* Hier oben kommen die Zutaten rein. Der Schalter wird umgelegt. Und in null komma nichts kommen hier unten die Plätzchen raus.
Chef:	Das hört sich gut an. *(nachdenklich)* Es wird doch nichts schief gehen?
Ingenieur:	Bei meiner Ehre, nein.
Chef:	Gut. Aber ich möchte mich doch selbst überzeugen. Das verstehst du doch?
Ingenieur:	*(verschmitzt, reibt sich den Bauch)* Klar doch, Chef, wo die Plätzchen doch so lecker sind. *(gibt Zutaten oben in den Roboter)* Auf Ihr Zeichen geht es los!
Chef:	Also dann! *(gibt ein Zeichen)*
Roboter:	*(rollt die Augen)* Krrrrchrrrchrrrch! *(Geräusche)*
Ingenieur:	Da! Die Plätzchen sind fertig.
Roboter:	*(greift ein Plätzchen, steckt es in den Mund)* Hm! Hm! Hm!
Ingenieur:	He, du, lass das!
Chef:	Er isst die Plätzchen auch? *(nimmt sich ein Plätzchen)*
Roboter:	*(nimmt es dem Chef aus der Hand, steckt es in den Mund)* Hm! Hm! Hm!
Ingenieur:	He, du, so haben wir nicht gewettet.

Roboter: *(nimmt ein weiteres Plätzchen, steckt es in den Mund.)* Hm! Hm! Hm!

Ingenieur: Du kannst nicht alle Plätzchen selber aufessen. Die Plätzchen sind für die Menschen bestimmt.

Roboter: *(guckt böse, steckt sich wieder ein Plätzchen in den Mund)* Aber ich bin ganz wild auf Plätzchen.

Ingenieur: *(geht um Roboter herum, schaut kritisch, verlegen)* Er ist krank. Er muss krank sein.

Chef: *(lacht)* Und ich weiß sogar, wie die Krankheit heißt.

Ingenieur: *(flehend)* Sagen Sie's mir! Sagen Sie's mir, Chef!

Chef: Plätzchenjieper.

Ein Tannenbaum mit Heimweh

6-9 JAHRE

⏱ 6 MINUTEN

Personen: Kind, Tannenbaum
Bühnenbild: Weihnachtszimmer
Eingangsszene: Das Kind schmückt den Tannenbaum und summt dabei *O Tannenbaum, o Tannenbaum.*

Tannenbaum:	*(schaut sich um)* Wo sind die anderen Tannenbäume?
Kind:	Wir brauchen nur einen.
Tannenbaum:	Ich bin allein? Du, das sage ich dir gleich: Ich kriege furchtbar schnell Heimweh.
Kind:	Du hast doch uns.
Tannenbaum:	Das ist doch nicht dasselbe. *(vorsichtig)* Was machst du denn jetzt?
Kind:	Ich schmücke dich.
Tannenbaum:	Warum?
Kind:	Ein Christbaum wird geschmückt.
Tannenbaum:	Mit dem Zeug da?
Kind:	Kugeln, Lametta und Engelshaar gehören dazu. Und ein Engel für die Spitze. Weißt du das denn nicht?
Tannenbaum:	Woher? Ich bin schließlich zum erstenmal Christbaum. Komischer Name übrigens.
Kind:	Manche sagen Weihnachtsbaum.
Tannenbaum:	Oh, der Name ist okay. *(überlegt)* Sag mal, was tut ein Christbaum eigentlich?
Kind:	Er verbreitet Weihnachtsstimmung. Wenn die Kerzen brennen, fängt Weihnachten an. Außerdem liegen unter dir alle Geschenke.
Tannenbaum:	Geschenke? Ich liebe Geschenke.
Kind:	Doch keine Geschenke für dich. Geschenke für uns, vor allem für uns Kinder.
Tannenbaum:	Ich kriege nichts? Gerecht ist das nicht. *(schaut nach links)* Ich finde, die linke Seite ist noch ein bisschen kahl.

Kind: Warte, das haben wir gleich.

Tannenbaum: Mir ist schrecklich warm. Kannst du ein Fenster aufmachen?

Kind: *(öffnet das Fenster)* Besser?

Tannenbaum: *(nickt)* Vergiss den Engel für die Spitze nicht.

Kind: Der kann sogar sprechen.

Tannenbaum: Prima, ich unterhalte mich gern.

Kind: Du kannst nicht richtig mit ihm reden. Er sagt nur ein Wort.

Tannenbaum: Welches?

Kind: Frieden.

Tannenbaum: Sonst nichts?

Kind: Es ist doch ein besonders wichtiges Wort.

Tannenbaum: *(schaut nach rechts)* Wie wäre es hier rechts noch mit einer
                 Kugel? *(überlegt)* Nur Frieden? Auf Dauer ein bisschen öde,
                 oder?

Kind: So, fertig.

Tannenbaum: Kannst du mir einen Spiegel bringen? *(Das Kind bringt einen
                 Spiegel, vor dem sich der Tannenbaum dreht)* Wie sehe ich aus?

Kind: *(mustert ihn)* Einfach cool.

Tannenbaum: Was heißt *cool*?

Kind: Na, cool ist cool.

Tannenbaum: *(enttäuscht)* Cool.

Kind: *(erklärt)* Ich will damit sagen: Du bist der schönste
                 Weihnachtsbaum überhaupt.

Tannenbaum: Der schönste? *(überlegt)* Dann gibt es doch noch andere? Wo
                 sind sie?

Kind: In den anderen Häusern. Weihnachten ist ein großes Fest.

Tannenbaum: Macht es Spaß, Weihnachten zu feiern?

Kind: Es ist das supercoolste Fest. Außer Geburtstag vielleicht.

Tannenbaum: Findest du wirklich, dass ich der hübscheste Christbaum bin?

Kind: Du bist ganz schön eitel.

Tannenbaum: *(dreht und wendet sich)* Wenn die draußen im Wald mich sehen
                 könnten …

Kind: … kämen die auch in Weihnachtsstimmung.

Tannenbaum:	Weihnachten haben wir draußen nie gefeiert. Christbaum ist auch keiner gewesen. Die werden die Augen machen!
Kind:	Werden sie nicht.
Tannenbaum:	Warum nicht?
Kind:	Deine Tannenbaum-Kumpel sind im Wald. Du bist hier im Haus.
Tannenbaum:	Dann kann ich nicht mit ihnen zusammen Weihnachten feiern? *(fängt an zu schluchzen)* Ich habe dir gleich gesagt, ich kriege schnell Heimweh.
Kind:	Dein Heimweh vergeht, wenn wir erst anfangen zu feiern.
Tannenbaum:	Das glaube ich niemals. *(geht weg)*
Kind:	He, wo willst du denn hin?
Tannenbaum:	*(dreht sich um)* In den Wald.
Kind:	Aber du bist unser Christbaum.
Tannenbaum:	Aber ich möchte lieber der Christbaum für die Tannenbäume im Wald sein.

Zauberhafte Wintermärchen

Zauberhaft im wahrsten Sinne des Wortes
ist die Weihnachtszeit.
Heimlichkeiten und Geheimnisse überall,
Vorfreude und Erwartung lassen die
Herzen schneller klopfen. Kinderaugen
glänzen, und Erwachsene werden im
Herzen wieder jung.
Wintermärchen und
Weihnachtsgeschichten fangen diesen
Zauber ein.

Sankt-Martins-Singen

5-9 JAHRE
☺☺☺
🕐 **4** MINUTEN

Personen: Zwei Kinder, Sankt Martin
Bühnenbild: Haus im Schnee, umgeben von Teelichtern
Eingangsszene: Kinder mit Laternen singen *Laterne, Laterne* (oder ein anderes Lied).

Erstes Kind:	Das letzte Haus in der Straße. *(staunt)* Das hab ich ja noch nie gesehen.
Zweites Kind:	Ein Haus ist doch nicht plötzlich da. Es muss schon länger stehen.
Erstes Kind:	Ein seltsames Haus, wo überall Lichter funkeln.
Zweites Kind:	Sterne fallen vom Himmel, sie leuchten im Dunkeln.
Erstes Kind:	Fallen Sterne denn auf die Erde? Komm, lass uns singen.
Zweites Kind:	Was soll uns das bringen?
Erstes Kind:	*(schwenkt seine Tüte)* Süßigkeiten jede Menge.
Zweites Kind:	Lass uns lieber verschwinden.
Erstes Kind:	Nicht, bevor wir herausfinden,
	wer in diesem Hause wohnt.
	Bestimmt ein reicher Mann. Ich glaube, das Singen lohnt.
	(singt leise) Hier wohnt ein reicher Mann, der uns vieles geben kann.
Zweites Kind:	Mann o Mann, ich will lieber heim. Siehst du den Stock da neben der Tür?
	Wofür braucht der so was? Sag mir, wofür?
Erstes Kind:	Ein Stock? Ein Stab? Oben ist der ganz krumm.
	Zu dumm! *(überlegt. Ein Pferd wiehert)*
	Hörst du die Pferde wiehern?
Zweites Kind:	*(schüttelt den Kopf)* Das ist nur eins.
Erstes Kind:	Ein Pferd? Aber in dieser Straße gibt es keins.
Zweites Kind:	O je, was machen wir denn nur?
Erstes Kind:	Ich singe auf jeden Fall.
Zweites Kind:	Sei nicht so stur. *(zeigt)*

	Hier steht ein Haus, das ich niemals sah, und Sterne fallen vom Himmel da. Wir hören ein Pferd, das wiehert und schnaubt.
Erstes Kind:	Vielleicht ist das ein Gespensterhaus. Ob uns das jemand glaubt? Komm, lass uns das Lied jetzt singen. Das wird bestimmt an die Tür sie bringen. *(singt, das zweite Kind stimmt ein)* Sankt Martin, Sankt Martin, Sankt Martin ritt durch Schnee und Wind, sein Ross, das trug ihn fort geschwind.
Sankt Martin:	*(erscheint in der Tür)* Schon aus weiter Ferne leuchtet die Laterne, und dann steht ihr vor dem Haus, lockt Sankt Martin selbst heraus. Bittet ihr um Gaben, sollt ihr Süßes haben. Denn das ist ein guter Brauch, *(lacht freundlich)* und den kennt Sankt Martin auch.

Schneewittchen

4-5 JAHRE

4 MINUTEN

Personen: Schneewittchen, die Zwerge Watzel und Witzel, der Prinz
Bühnenbild: Schneelandschaft mit Glassarg und einem (Papp-) Hügel mit Schloss
Eingangsszene: Schneewittchen liegt im Sarg, Zwerg Watzel stampft, um sich zu wärmen.

Zwerg Watzel:	Muss ich hier noch lange stehen?
	Es beißt der Frost mir in die Zehen. *(beschattet mit der Hand die Augen, späht)*
	Oh, mir ist kalt, ich bin es leid.
	Von meinen Brüdern weit und breit
	ist keiner irgendwo zu sehen.
	Oh jemine, was mach ich nur? Ich kann nicht einfach gehen. *(friert, springt herum)*
	Dem Zwerg, der ganz besonders klein,
	wenn's kalt ist, friert ihm Mark und Bein.
Zwerg Witzel:	*(kommt auf Skiern, zuletzt ziemlich eilig)* Wer hat es wieder angerührt?
	Hast du das Mieder aufgeschnürt?
Zwerg Watzel:	*(nickt)* Auch steckt kein Kamm in seinen Haaren.
	Woran es starb, ich konnte es nicht erfahren.
Zwerg Witzel:	*(stellt eilig die Skier beiseite)* Oh weh, oh weh! Ich bin entsetzt.
Zwerg Watzel:	Nicht nötig, dass du dich so hetzt.
	Du kannst ihm nicht mehr helfen.
	Es ist gestorben ganz und gar, so sagten mir die Elfen.
	Ich fand Schneewittchen mausetot
	und hatte meine liebe Not,
	Schneewittchen, das sich nicht tat regen,
	in diesen Glassarg hier zu legen.
Zwerg Witzel:	*(denkt nach)* Schneewittchen im Winter im gläsernen Sarg?

Zwerg Watzel:	Na ja, du hast recht, das ist wirklich arg.
	Es könnte erfrieren.
Zwerg Witzel:	Drum lass uns keine Zeit verlieren.
	Schneewittchen gehört auf den Schlitten.
Zwerg Watzel:	Das sind aber keine Zwergensitten.
	Drum sag mir, warum?
Zwerg	Witzel: Sei nicht dumm!
	Die Antwort steht doch außer Frage.
	Pack jetzt mit an, wenn ich es dir sage. *(Sie hieven Schneewittchen auf den Schlitten)*
Zwerg Watzel:	Zwergenhimmel, ist es schwer! *(wischt sich den Schweiß von der Stirn)*
	Doch auf dem Schlitten, da friert es noch mehr.
Zwerg Witzel:	Doch die Sage geht, es kommt ein Prinz geritten,
	den müssen wir nicht lange bitten
	und er nimmt Schneewittchen mit.
Zwerg Watzel:	Wozu? Warum? Sag mirs, ich bitt? *(Unbemerkt von beiden kommt der Prinz angeritten und starrt Schneewittchen an)*
Prinz:	Welch Anblick! Oh, mein Herz steht still!
	Und ich muss handeln, selbst wenn ich gar nicht will.
	Weil der Liebesgott den Pfeil ins Herz mir schoss,
	zieh, Schimmel, den Schlitten mit Schneewittchen zum Schloss. *(macht sich auf den Weg)*
Zwerg Watzel:	Das ruckelt und zuckelt, das ruckt und zuckt,
	Sieh mal, es hat etwas ausgespuckt.
Zwerg Witzel:	*(betrachtet das Apfelstück in Sherlock-Holmes-Manier)* Das ist vergiftet, vom Apfel ein Stück.
Zwerg Watzel:	*(wirft seine Mütze gen Himmel)* Schneewittchen lebendig, o welch ein Glück!
	Wow, schau, Schneewittchen ergreift die Zügel.
Prinz:	*(erstaunt)* Ab geht es zum Schloss oben am Hügel.
Zwerg Witzel:	Schneewittchen hats eilig. Sieh nur, wie schnell!
Zwerg Watzel:	Schneewittchen möchte heiraten den Prinzen auf der Stell.

Heiliger Abend im Leuchtturm

6-10 JAHRE
😊😊😊
🕐 **4** MINUTEN

Personen: Leuchtturmwärter, seine Frau, Heilbutt
Bühnenbild: Zimmer mit Drehlicht im Leuchtturm
Eingangsszene: Der Leuchtturmwärter wartet aufs Essen, seine Frau schaut aus dem Fenster.

Frau:	Was meinst du, ob er diesmal kommt?
Leuchtturmwärter:	Wer?
Frau:	Der Weihnachtsmann.
Leuchtturmwärter:	Liebe Frau, er ist noch nie hier gewesen.
Frau:	Diesmal kommt er vielleicht.
Leuchtturmwärter:	Unmöglich. Der Leuchtturm ist ringsum von Wasser umgeben. Der Weihnachtsmann kommt auf einem Schlitten. Ein Schlitten ist kein Schiff. Er versinkt im Meer.
Frau:	Es könnte aber doch sein …
Leuchtturmwärter:	Zumal, wenn er so schwer beladen ist.
Frau:	Eben. Ganz bestimmt ist ein Päckchen für uns dabei.
Leuchtturmwärter:	Heiliger Strohsack! Die Rentiere, die den Schlitten ziehen, können nicht übers Wasser laufen. Sie würden ertrinken.
Frau:	Ich dachte, die Rentiere vom Weihnachtsmann können fliegen.
Leuchtturmwärter:	Fliegende Fische, ja, die gibt es. Fliegende Rentiere, die gibt es nicht.
Frau:	Bloß weil du noch keine gesehen hast …
Leuchtturmwärter:	Das Meer müsste gefroren sein, dann käme der Weihnachtsmann auch zu uns. Lass uns essen, Frau.
Frau:	Lass uns noch warten. Wenn der Weihnachtsmann nicht kommt, kommt bestimmt das Christkind.
Leuchtturmwärter:	Das Christkind ist noch nie am Weihnachtsabend hier gewesen.
Frau:	Diesmal kommt es vielleicht. Das Christkind ist der Heiland. Warum sollte der Heiland nicht auch zu uns kommen?
Leuchtturmwärter:	Heiliger Strohsack, unser Leuchtturm ist ringsum von Wasser umgeben. Glaubst du, das Christkind kann schwimmen?

Frau:	Meine Großmutter hat mir erzählt, das Christkind kommt angeflogen.
Leuchtturmwärter:	Möwen und der Seeadler, ja, die können fliegen. Ein fliegendes Christkind, nein, das gibt es nicht.
Frau:	Bloß weil du noch keins gesehen hast …
Leuchtturmwärter:	Lass uns endlich essen, Frau.
Frau:	Vielleicht müsste das Licht vom Leuchtturm heller sein.
Leuchtturmwärter:	Das Licht ist hell genug. Aber versuch dein Heil. Stell es heller. *(Die Frau stellt das Licht heller, schaut aus dem Fenster)* Na?
Frau:	Nichts. *(überlegt)* Vielleicht müsste es sich schneller drehen.
Leuchtturmwärter:	Das Licht dreht sich für die Schiffe schnell genug.
Frau:	Für die Schiffe ja, aber vielleicht nicht für das Christkind.
Leuchtturmwärter:	Schon gut, schon gut, versuch dein Heil immerhin. Dreh den Hebel, damit sich das Licht schneller dreht. *(Die Frau dreht das Licht heller, schaut wieder aus dem Fenster)* Na?
Frau:	Nichts. *(dann aufgeregt)* Das heißt, doch, da ist was.
Leuchtturmwärter:	Und was?
Frau:	Es steigt die Turmstufen hinauf. Meinst du, es ist das Christkind, unser lieber Heiland? Oder der Weihnachtsmann? *(Heilbutt erscheint. Erschrocken, ängstlich)* Wer ist das?
Leuchtturmwärter:	*(irritiert)* Ich weiß nicht. *(wendet sich an den Heilbutt)* Was willst du hier?
Heilbutt:	Ihr habt mich gerufen.
Leuchtturmwärter und Frau:	Wir?
Heilbutt:	Habt ihr das Licht nicht heller gestellt? *(Beide nicken)* Habt ihr das Licht nicht schneller gedreht?
Leuchtturmwärter:	Ja, aber …
Heilbutt:	Nichts aber.
Frau:	Aber das Christkind bist du nicht.
Heilbutt:	Ich bin der Heilbutt.
Leuchtturmwärter:	Statt Heiland der Heilbutt? *(lacht)* Herein mit dir und ab in den Kochtopf.

Der Heilbutt ist ein großer Plattfisch mit schwarzer, schmutzig-braun marmorierter Oberfläche.

Was schmaucht denn da?

6-9 Jahre
☺☺☺
🕐 **3** Minuten

Personen: Rentier Rudolf, Bär, Kind
Bühnenbild: Ein Zimmer mit Kamin
Eingangsszene: Rentier Rudolf, Kind und Bär kommen dick
eingemummelt herein und ziehen sich aus.

Rentier Rudolf:	*(reibt die Faust gegen die flache andere Hand)* Ein bisschen Wärme könnt ich brauchen.
	Dass Weihnachten so kalt sein kann!
Bär:	Dann zünde den Kamin ich an. *(legt Holz auf, zündet das Feuer an, Rauch steigt auf)*
Kind:	Bär, dein Kamin fängt schrecklich an zu rauchen.
Rentier Rudolf:	*(hustet)* Ich muss schon husten, Mann o Mann. *(hustet lange)*
Bär:	*(tritt von einem Bein aufs andere, schaut den Kamin an)* Warum er wohl so schrecklich schmaucht?
Kind:	Hast du auch trocknes Holz gebraucht?
Bär:	Ein dummer Bär bin ich ja nicht.
	So trocken, dass es fast schon bricht.
Rentier Rudolf:	*(jammert)* O je, ich dacht mir Weihnachten gemütlich:
	Wir tun uns an den Plätzchen gütlich
	und warten auf den Weihnachtsmann.
Kind:	*(sehnsüchtig)* Der uns Geschenke schleppt heran. *(beschreibt in der Luft einen Kreis)*
	Doch sag, ist das nicht deine Sache?
Rentier Rudolf:	Du spinnst doch wohl! Dass ich nicht lache.
	Ich zieh den Schlitten bis zur Tür.
	Doch wenn ein bisschen ich berühr
	nur all die Päckchen bunt und fein,
	schimpft der Weihnachtsmann.
	Ist seine Sache ganz allein,
	dann die Geschenke auch zu bringen.
Kind:	Sonst müssten wir andere Lieder singen. *(trällert)*

Jingle bell,

klingel hell,

klingel hell und schrill!

Denn da kommt der Rudolf an, der uns beschenken will!

Rentier Rudolf: *(nachdenklich)* Vielleicht hilft es, wenn man mal klopft. *(Bär klopft überall am Kamin)* Mir scheint, er klingt total verstopft.

Kind: War denn der Schornsteinfeger hier?

Bär: Pünktlich wie immer, sag ich dir.

Rentier Rudolf: *(schaut in den Kamin)* Der Weihnachtsmann steckt im Kamin.

Kind: Oh weh, was machen wir denn da?

Rentier Rudolf: Ihr müsst ihn an den Beinen ziehn.

Kind: Und wenn er sich dabei eins bricht?

Rentier Rudolf: Das glaub ich nicht.

Behutsam müsst ihr eben sein.

Kind: *(zum Bär)* Ob wir das schaffen wohl zu zwein?

Bär: Wir müssen, sonst: Ade Geschenke!

Kind: O je, wenn ich bloß daran denke! *(greift zusammen mit Bär die Beine vom Weihnachtsmann, sie ziehen)*

Rentier Rudolf: Vorsicht, fasst nicht an seinen Zeh!

Bär: Warum denn nicht?

Rentier Rudolf: *(hebt die Schultern)* Das tut ihm weh.

Bär: O je o je! *(Kind und Bär ziehen weiter am Weihnachtsmann)*

Rentier Rudolf: *(schaut in den Kamin)* Ihr zieht zu fest an seinem Knöchel!

Hört ihr denn gar nicht sein Geröchel?

Kind: Die Beine seh ich.

Bär: Ich den Bauch.

Rentier Rudolf: *(richtet sich auf)* Dann kommt der Rest gleich sicher auch. *(der Weihnachtsmann (Puppe) fällt mit Plumps aus dem Kamin)*

Kind: O hallo, lieber Weihnachtsmann!

Bär: Dass Weihnachten so kalt sein kann!

Rentier Rudolf: Der Kamin wird nicht mehr schmauchen.

Ein bisschen Wärme könnt ich brauchen.

(Alle drei hocken gemütlich am Kamin)

Der Dieb in dunkler Nacht

6-10 JAHRE

👥

🕐 3 MINUTEN

Personen: Weihnachtsmann, Polizist
Bühnenbild: Haus mit Straßenlaterne
Requisiten: Sack, Schlagstock, Mütze, goldener Stirnreif
Eingangsszene: Der Polizist geht vor der Laterne auf und ab, steht dann still.

Polizist:	Ich stehe hier und halte Wacht. *(späht umher)* Wer schleicht dort durch die dunkle Nacht? *(sieht den Weihnachtsmann mit dem Sack auf dem Rücken zum Haus gehen.)* Ein Mann mit Sack? *(stürzt auf den Weihnachtsmann zu)* Hach, Gaunerpack! Halt an, du Wicht! Komm hier ins Licht.
Weihnachtsmann:	*(lässt vor Schreck den Sack los, Päckchen fallen heraus)* He, meinst du mich? Wie fürchterlich! Du hast mich sehr erschreckt. *(schüttelt den Kopf)* Was hast du bloß damit bezweckt? *(mustert den Polizisten)* Sollt ich dich kennen, sag, mein Sohn?
Polizist:	Werd bloß nicht frech. Ich bin hier Amtsperson. Ich sah dich schleichen durch die Nacht.
Weihnachtsmann:	Ich hab den Kindern was gebracht.
Polizist:	*(deutet auf die Päckchen)* Gesteh, du bist ein Bösewicht. Man klaut doch nicht.
Weihnachtsmann:	Du hältst mich wohl für einen Dieb? *(lacht)* Glaub mir, ich hab die Kinder lieb. Zum Weihnachtsfest gehör ich unbedingt. Ich bin der Weihnachtsmann, der die Geschenke bringt.
Polizist:	Der Weihnachtsmann, der willst du sein? Das kann jeder sagen in diesen Tagen.
Weihnachtsmann:	Nein. Dafür braucht's einen Heiligenschein. *(zieht die Mütze ab, unter der ein Heiligenschein = goldener Stirnreif sichtbar wird)*

Schneemond und Eisblume

6-10 JAHRE
ヅヅヅヅ
🕐 **6** MINUTEN

Personen: Schneemond, Eisblume, Flockenclown, Schwertmaid Eishauch

Bühnenbild: Eispalast mit dem schwarzen Polmonster aus Pappe

Eingangsszene: Schneemond und Polmonster als Schattenrisse. Eisblume läuft traurig auf und ab, ringt die Hände und weint.

Eisblume:	Er ist fort! Geraubt!
Flockenclown:	*(turnt herein)* Hallihallo Prinzessin!
Eisblume:	*(läuft weiter auf und ab)* Er ist fort!
Flockenclown:	Wer ist fort?
Eisblume:	Prinz Schneemond. Das schwarze Polmonster hat ihn geraubt.
Flockenclown:	O je!
Eisblume:	Flockenclown, ich liebe Prinz Schneemond.
Flockenclown:	O je!
Eisblume:	Morgen sollte die Hochzeit sein.
Flockenclown:	O jemine!
Eisblume:	Was soll ich bloß machen?

> SCHNEE-MOND ist ein Name für den Monat Januar.

Flockenclown:	Flockenclown, Flockenclown muss in seinen Kopf erst schaun. *(denkt nach)* Prinzessin Eisblume, hör mich an. Ohne Prinz Schneemond gibt es keine Liebe. Richtig? *(Eisblume nickt)* Ohne Prinz Schneemond gibt es auch keine Hochzeit. Richtig? *(Eisblume nickt heftiger)* Und das schwarze Polmonster hat Prinz Schneemond geraubt. Richtig?
Eisblume:	*(setzt sich hin und weint)* Ja, Flockenclown, ja. Was soll ich bloß machen?
Flockenclown:	Flockenclown, Flockenclown, muss in seinen Kopf erst schaun. *(begeistert)* Ich habs: Prinzessin Eisblume, du musst ausziehen und Prinz Schneemond befreien.

Eisblume:	Ich bin nur eine schwache Eisprinzessin.
Flockenclown:	Also, das halte ich für eine dumme Ausrede. Aber okay. *(denkt nach, dann vorsichtiger)* Ich habs: Prinzessin Eisblume, wir beide müssen ausziehen und Prinz Schneemond befreien.
Eisblume:	Ich bin nur eine schwache Eisprinzessin, und du bist ein noch schwächerer Flockenclown.
Flockenclown:	Also, das halte ich für eine noch dümmere Ausrede. Aber okay. *(denkt nach, dann begeistert)* Ich habs: Prinzessin Eisblume, Schwertmaid Eishauch muss mit uns beiden ausziehen und Prinz Schneemond befreien.
Eisblume:	*(ruft)* Eishauch! Eishauch!
Eishauch:	Zu Diensten, Prinzessin Eisblume! Immer zu deinen Diensten.
Eisblume:	Das schwarze Polmonster hat Prinz Schneemond geraubt.
Eishauch:	O je!
Flockenclown:	O jemine!
Eisblume:	Wir müssen ausziehen und Prinz Schneemond befreien.
Eishauch:	Zu Diensten, Prinzessin!
Flockenclown:	*(bedenklich)* Das wird ein schwerer Kampf.
Eishauch:	*(zieht das Schwert)* Mir liegt schon das Schwert in der Hand.
Flockenclown:	*(ängstlich)* Das schwarze Polmonster hat noch niemand besiegt.
Eishauch:	Mir zuckt schon das Schwert in der Hand.
Eisblume:	Das ist der Kampfgeist, den wir brauchen, Flockenclown. Los, komm! *(Alle drei verschwinden)*
Schneemond:	*(im Schattenriss, seufzt und weint)* Eisblume, Eisblümelein, o Liebste mein, wann werde ich wieder bei dir sein? *(Eisblume, Flockenclown und Eishauch kommen)*
Flockenclown:	*(müde)* Der Weg war lang.
Eisblume:	*(müde)* Der Weg war schwer.
Eishauch:	*(müde, aber tapfer)* Doch wir sind da. Nur diese Wand müssen wir noch überwinden. *(nimmt das Schwert, lauscht an der Wand)*
Flockenclown:	Flockenclown, Flockenclown,

	muss in seinen Kopf erst schaun. *(begeistert)* Ich habs: Am besten ists, gleich wieder zu verschwinden.
Schneemond:	*(im Schattenriss, seufzt und weint)* Wirst du, Eisblume, mich bei den Schatten wähnen?
	Aus meinem Auge rinnen heiße Tränen ...
Eisblume:	*(horcht an der Wand)* Ich hör ihn seufzen, hör ihn klagen.
Eishauch:	Ich hör das schwarze Polmonster grunzen.
	Na wart, dir werd ich gleich die Nacht verhunzen. *(stürmt zur Wand)*
Schneemond:	*(im Schattenriss, seufzt und weint)* Eisblume, Eisblümelein, o Liebste mein,
	wann werde ich wieder bei dir sein?
Eisblume:	*(zieht ihr Schwert)* Schneemond, o Liebster mein, ich komme!
	Vorwärts, Flockenclown! *(stürmt zur Wand)*
Flockenclown:	*(zieht sein Schwert)* Flockenclown, Flockenclown,
	muss in seinen Kopf erst ... *(reißt die Augen auf und sieht dem Kampf zu. Die Prinzessin und Eishauch kämpfen mit dem Schatten des schwarzen Polmonsters. Flockenclown steckt sein Schwert wieder ein)* Ich habs: Am sichersten ists, einfach zuzuschauen. *(Die Prinzessin und Eishauch besiegen das schwarze Polmonster, die Wand fällt, Eishauch mit gezücktem Schwert schaut in alle Ecken. Flockenclown reibt sich die Hände und turnt herum)* Seht doch, wer hätte das gedacht.
	Ein Happy-End wird so gemacht.
	(zeigt auf Eisblume und Schneemond, die sich in die Arme fallen)

Der Weihnachtsmann braucht Hilfe

8-10 JAHRE
(😟)😟😟😟
🕐 **12** MINUTEN

Personen: Vorleser, Weihnachtsmann, Friederike, Friedrich (spielen, was vorgelesen wird)
Bühnenbild: Weihnachtszimmer
Eingangsszene: Der Vorleser sitzt seitlich mit seinem Buch, der Weihnachtsmann liegt ermattet vor seinem Schlitten, Weihnachtspakete liegen verstreut herum. Die Kinder warten ungeduldig vor der Tür zum Weihnachtszimmer. Friedrich bläst seinen Kaugummi zur Blase. Friederike rauft sich die Haare.

Vorleser:	Es ist Weihnachten. Alle Kinder sind aufgeregt, zappeln herum. Gleich, ja, gleich fängt die Bescherung an. Gleich wird das Glöckchen klingeln. Die Tür zum Weihnachtszimmer wird aufgehen, der Tannenbaum festlich strahlen, die Kerzen hell und doch so geheimnisvoll leuchten. Und da werden sie unter dem Baum liegen, all die bunten Pakete, die sehnlichst erwarteten Geschenke.
Friederike:	Es muss jeden Moment losgehen.
Friedrich:	Es hätte längst losgehen müssen, Rike.
Friederike:	*(wütend)* Du sollst nicht immer Rike sagen. Ich heiße Friederike.
Friedrich:	Und ich heiße Friedrich. *(mault)* Warum braucht der Weihnachtsmann bloß so lange?
Friederike:	Stimmt, er müsste längst da gewesen sein.
Friedrich:	Das Glöckchen hat noch nicht gebimmelt. Vielleicht kommt er dieses Jahr gar nicht.
Friederike:	Er kommt. Er ist unterwegs aufgehalten worden.
Vorleser:	Sekunden flitzen vorüber, Minuten verstreichen, Stunden wandern dahin. Es ist schon kurz vor Mitternacht. Da halten es Friedrich und Friederike nicht mehr aus. Sie gehen hinaus auf die dunkle Straße, um nachzusehen, wo der Weihnachtsmann mit den Geschenken bleibt. Plötzlich entdecken sie einen alten Mann, der mitten auf der Straße liegt.

Friedrich:	Guck mal, was der Mann da macht.
Friederike:	O je, das ist der Weihnachtsmann.
Friedrich:	Guck mal, da liegen lauter Päckchen und Pakete.
Friederike:	O je, bestimmt sind das unsere Geschenke.
Vorleser:	Friederike geht näher an den Weihnachtsmann heran, hockt sich hin und betrachtet ihn. Dann fragt sie:
Friederike:	He, Weihnachtsmann, was ist passiert? Ich wette, dein Schlitten ist umgefallen.
Vorleser:	Auch Friedrich traut sich jetzt näher. Er beugt sich über den Weihnachtsmann und fragt:
Friedrich:	Bist du vielleicht zu schnell gefahren?
Vorleser:	Doch der Weihnachtsmann sagt gar nichts, er stöhnt nur. Das hört sich so schlimm an, dass Friederike und Friedrich gleich wissen, er braucht Hilfe. Friederike fragt:
Friederike:	Hast du dir wehgetan?
Vorleser:	Und auch Friedrich fragt:
Friedrich:	Hast du dir was gebrochen? Kannst du nicht mehr aufstehen?
Vorleser:	Friederike legt dem Weihnachtsmann den Arm um die Schulter und richtet ihn auf.
Friederike:	Komm, wir helfen dir. Um Mitternacht solltest du nicht hier draußen bleiben.
Friedrich:	Da können Geister kommen. Oder Vampire.
Friederike:	Du mit deinen Geistern und Vampiren! Dummkopf, es ist kalt. Er könnte erfrieren.
Vorleser:	In diesem Moment stöhnt der Weihnachtsmann auf, und gar bitter er lacht.
Weihnachtsmann:	Oh, wie hasse ich die Mitternacht.
	Denn dann tun mir die Füße weh,
	weil ich so viele Wege geh.
	Seht nur meine Beine!
Vorleser:	… stöhnt der Weihnachtsmann und jammert weiter:
Weihnachtsmann:	Seht doch nur, ich weine,
	denn Schmerzen hab ich schlimme.

Vorleser:	Da ist guter Rat teuer. Was sollen Friederike und Friedrich mit einem Weihnachtsmann anfangen, dem dicke Tränen über die Wangen rollen? Mit diesem Häufchen Elend?
Friedrich:	Wenn du hier liegen bleibst, kriegen wir unsere Geschenke nie.
Friederike:	Ich wette, die anderen Kinder auch nicht.
Friedrich:	Ich will aber meine Geschenke.
Friederike:	Meinst du, ich nicht? Außerdem bist du ganz schön egoistisch. Die anderen Kinder kriegen ja auch keine.
Friedrich:	Was sollen wir denn tun? Er rührt sich kaum noch.
Vorleser:	Guter Rat ist immer noch teuer. Der Weihnachtsmann jammert und stöhnt, er weint, und Friederike und Friedrich können sehen, dass ihm seine Beine mächtig weh tun. Plötzlich nimmt Friederike den Arm, den sie um den Weihnachtsmann gelegt hat, weg und sagt:
Friederike:	Ich habe eine Idee!
Friedrich:	Ich habe auch eine Idee.
Vorleser:	Die Geschwister sehen sich an und klatschen ihre flachen Hände gegeneinander.
Friedrich:	Genau!
Friederike:	Wir helfen dir, Weihnachtsmann. Du brauchst nicht mehr zu weinen.
Friedrich:	Dann tun dir die Beine nicht mehr weh.
Friederike:	Dann machst du die Arbeit nicht mehr allein.
Weihnachtsmann:	Und alle können zufrieden sein. Kinder, euch hat der Himmel geschickt. Wenn ihr mit Geschenken den Schlitten spickt, kann es losgehen gleich ohne Aufenthalt.
Friedrich:	Du, Rike, ich glaube, der ist wirklich schon alt …
Vorleser:	… flüstert Friedrich der Schwester zu. Dann sehen sie sich beide an, spucken in die Hände, und schon geht es los.
Friederike und Friedrich:	*(singen und machen vor, was sie singen)*

*In die Hände
gespuckt*

In die Hände gespuckt!
Fasst mit an! Fasst mit an!
Wir ziehen den Schlitten vom Weihnachtsmann.
Beladen ist er, deshalb schwer, ja so schwer.
Beladen mit allen Geschenken
und deshalb furchtbar schwer zu lenken.

In die Hände gespuckt!
Immer ran! Immer ran!
Vorm Haus steht der Schlitten vom Weihnachtsmann.
Ausladen ist schwer. Wo kriegt Hilfe er her?
Da müsst ihr zupacken, hoch schleppen
die bunten Pakete die Treppen.

In die Hände gespuckt!
Fasst mit an! Fasst mit an!
Entladet den Schlitten vom Weihnachtsmann!
Pakete so bunt! Mal oval, manche rund,
in Weihnachtspapier und mit Schleifen
aus Glitzersternen oder Streifen.

Der Streit um Kaisers Bart

6-9 JAHRE
😊😊😊
🕐 **4** MINUTEN

Personen: Stern, Engel, Nebel
Bühnenbild: Schneelandschaft
Eingangsszene: Der Engel stolziert herum und zupft an seinen Flügeln, der Stern steht und poliert seine Strahlen.

Engel:	Ich werde in der Nacht die Botschaft verkünden. Toll, was?
Stern:	Was ist daran toll? Ich werde in der Nacht der hellste Stern sein.
Engel:	Licht ist nicht so wichtig wie die Botschaft.
Stern:	Hach, das glaubst auch nur du. Ohne mich ist es ganz dunkel.
Engel:	Quatsch, ich bin doch da.
Stern:	Mein Licht reicht weiter. Ohne mich wird niemand den Stall finden.
Engel:	Ohne meine Botschaft weiß niemand von dem Stall.
Stern:	Für wen ist die Botschaft, he?
Engel:	Für die Hirten.
Stern:	Eben, eine Botschaft für Hirten. Und wo sind die Hirten?
Engel:	In der Nacht auf dem Feld.
Stern:	Richtig. Und nachts ist es dunkel. Ohne mein Licht werden deine blöden Hirten den Stall nicht finden.
Engel:	Aber meine Botschaft ist wichtig.
Stern:	Und wer hört sie?
Engel:	Na, die Hirten.
Stern:	Eben. Nur blöde Hirten.
Engel:	Die Hirten werden die Botschaft weitersagen.
Stern:	Mein Licht in dieser Nacht wird Könige herbeilocken.
Engel:	Willst du sagen, Könige sind wichtiger als Hirten?
Stern:	Sie bringen Geschenke mit. Was schenken die Hirten dem Kind?
Engel:	Sie sind arm.
Stern:	Siehst du, deine tolle Botschaft ist für blöde arme Hirten.

Engel: Das sagst du nicht noch mal. *(knufft den Stern in die Seite)* Meine Botschaft ist wichtiger als dein Leuchten.

Stern: *(knufft zurück)* Das Wichtigste ist mein Leuchten.

Engel: *(knufft weiter)* Wer ist wichtiger?

Stern: *(knufft zurück)* Na ich! Wer sonst?

Engel: *(verbiegt Stern einen Strahl)* So! Jetzt wollen wir doch mal sehen, ob du leuchtest.

Stern: *(entsetzt)* Du hast mir einen Strahl verbogen. *(zerrt an einem Flügel des Engels)* Und was machst du, wenn ich dir jetzt einen Flügel ausreiße?

Engel: *(in höchster Not)* Das darfst du nicht.

Stern: Wer sagt das?

Nebel: *(kommt und trennt die beiden)* Ich. Jetzt ist Schluss, ihr Streithähne! *(in der Mitte zwischen ihnen)* Worum geht es überhaupt?

Engel: Nebel, der Stern sagt …

Stern: Nein, Nebel, der Engel sagt …

Nebel: *(zeigt auf den Engel)* Was sagt Stern?

Engel: Er sei in der Nacht wichtiger als ich.

Nebel: *(zeigt auf Stern)* Was sagt der Engel?

Stern: Er sei in der Nacht wichtiger als ich.

Nebel: *(lacht und lacht)* Das ist gut! Das ist wirklich gut! Ihr streitet um des Kaisers Bart. Denn eins kann ich euch sagen.

Engel und Stern: Was?

Nebel: Am allerwichtigsten bin ich in dieser Nacht.

Stern: Wieso?

Engel: Du bist doch überhaupt nicht da.

Nebel: Eben. Deshalb bin ich ja so wichtig. Weil ich nicht da bin, können die Hirten dich, Engel, sehen. Und weil ich nicht da bin, können die Hirten und Könige dich, Stern, sehen.

Frau Holle und der Schneemann

6-8 JAHRE

4 MINUTEN

Personen: Frau Holle, Schneemann
Bühnenbild: Wiese, Papphügel
Eingangsszene: Frau Holle schwingt den Besen.

Frau Holle:	Schneemann, Schneemann, hier, spür meinen Besen.
	Schneemann, Schneemann, wo bist du gewesen?
Schneemann:	Verzeih mir, ich war wieder einmal spontan.
	Wir feiern doch erst, wenn die Arbeit getan.
	Und jede Goldmarie auf Erden
	soll mit der Arbeit doch fertig werden.
Frau Holle:	*(zieht die Brauen hoch)* Der Apfelbaum, der ist geschüttelt?
Schneemann:	Ich habe tüchtig dran gerüttelt.
Frau Holle:	Und aus dem Ofen gar das Brot?
Schneemann:	Hab ich gezogen ohne Not,
	und all die guten Plätzchen auch,
	die zu Advent und Weihnachten Brauch,
	damit auch nichts verbrennen kann.
Frau Holle:	*(stemmt die Arme in die Seiten)* Willst du mir sagen, weißer Mann,
	dass du die Betten auch gemacht?
Schneemann:	*(freundlich)* Ich wusste, dass das Herz dir lacht,
	wenn für die Kinder auf allen Erden
	es wird weiße flockige Weihnacht werden.
Frau Holle:	Dass du mir so ins Tagwerk pfuscht!
	Kommt nun die Pechmarie gehuscht,
	die sicher auch in dieser Zeit
	zu keiner Arbeit ist bereit,
	soll ich das ungestraft denn lassen? *(schüttelt den Kopf)*
	Gutmütig bist du – das muss ich dir lassen.
Schneemann:	Grad Weihnachten, Frau Holle, das weiß ich doch,
	gibts Goldmarien noch und noch.

Die Arbeitswut ist ja nicht wegzuimpfen.

Frau Holle: O Schneemann, du, ich sollte schimpfen,

dass du mir so ins Tagwerk pfuscht.

Schneemann: Ein Schneemann, der vor dir nur kuscht,

würde dir doch sicher nicht gefallen.

Ich höre schon Musik von ferne schallen

Lass uns begraben den kleinen Streit. *(greift nach Frau Holles*

beiden Händen)

Endlich, Frau Holle, ist Feierzeit!

(Sie singen gemeinsam und tanzen dazu)

Weihnachts-
walzer

Reich mir die Hän - de und tanz mit mir
Weih nachts wal - zer. Das ist das
Schön - ste, das sag ich dir, Weih - - - nachts -
wal - zer. Links her - um, rechts her - um und mit Schwung
Weih - - - nachts - wal - zer,
rechts her - um, links her - um das hält jung, Weih - -
nachts - - - - wal - zer.

Der Engel mit grünen Flügeln

6-10 JAHRE

10 MINUTEN

Personen: Engel, Raupe, Dachs, Fledermaus
Bühnenbild: Schneelandschaft,
Eingangsszene: Der Engel schluchzt jämmerlich, der Dachs ruht in seiner Höhle, es schneit.

Engel:	Huuh! Huuh!
Dachs:	*(richtet sich auf)* He, musst du hier so einen Krawall machen?
Engel:	Huuh! Huuh!
Dachs:	*(wedelt mit den Vorderpfoten)* Husch, weg mit dir! *(betrachtet den Engel von allen Seiten)* Wer oder was bist du überhaupt?
Engel:	Ich bin ein Engel.
Dachs:	Mit grünen Flügeln?
Engel:	Im Sommer haben Engel grüne Flügel. Zur Tarnung. Wenn alles grün ist, erkennt man uns nicht.
Dachs:	Bist du blind? Es ist Winter. Es schneit. Alles ist weiß.
Engel:	Das ist doch mein Unglück. Ich brauche jetzt weiße Flügel.
Dachs:	Und ich meine Ruhe.
Engel:	Wenn ich in Not bin, wie kannst du da ans Ausruhen denken?
Dachs:	Ich bin ein Winterruher, kapiert? Ich ruhe im Winter immer wieder für fünf, sechs Tage. Und wenn es schneit, wird es höchste Zeit. *(legt sich wieder hin)* Mach also keinen Krawall!
Engel:	Ich mache keinen Krawall. Ich weiß nur nicht, was ich machen soll. Huuh! Huuh!
Dachs:	*(gähnt)* Warum hast du es denn so weit kommen lassen?
Raupe:	*(kommt angekrochen)* Das wüsste ich auch gern, bevor ich mich verpuppe.
Engel:	Wenn ich nicht weiß, was ich tun soll, wie kannst du da ans Verpuppen denken?
Raupe:	Es schneit, also wird es höchste Zeit.

> Der Dachs liegt während seiner Ruhetage auf der Seite, mit dem Kopf auf den Vorderpfoten.

Dachs: Also, Engel, wieso hast du noch deine grünen Flügel?

Raupe: Das interessiert mich auch. *(kratzt sich nachdenklich die Borsten)* Sag mal, kennen wir uns nicht?

Engel: *(schüttelt den Kopf)* Nicht dass ich wüsste.

Raupe: *(denkt nach, nickt und stößt Engel an)* Ach ja, wir haben zusammen auf der grünen Wiese gespielt.

Engel: Quatsch.

Raupe: Bei meiner Raupenehre!

Engel: Auf der grünen Wiese habe ich mit dem Kohlweißling gespielt.

Dachs: Dem Schmetterling? Haha, ein guter Witz. *(lacht)*

Engel: *(unbeirrt)* Ich habe zu lange Fangen gespielt und bin zu spät gekommen.

Raupe: Zu spät gekommen?

Engel: Das Himmelstor, wo die weißen Flügel verteilt werden, war zu.

Dachs: Dein Pech. *(legt sich hin)*

Engel: Kohlweißling konnte einfach kein Ende finden.

Raupe: *(empört)* Nun gib doch mir nicht die Schuld.

Engel: Dir doch nicht. – Kohlweißling!

Raupe: Ich bin Kohlweißling, und ich muss mich jetzt verpuppen.

Engel: Huuh! Huuh! Was mache ich bloß?

Fledermaus: *(kommt angeflogen)* Du machst zu viel Lärm. Ich kann nicht einschlafen.

Engel: *(schreckt zurück, vorsichtig)* Bist du ein Nachtengel?

Fledermaus: Wieso?

Engel: Weil du schwarze Flügel hast.

Fledermaus: *(breitet die Flügel aus)* Was ich bin, sieht man doch! Eine Fledermaus, und ich muss jetzt schlafen.

Engel: Wie kannst du ans Schlafen denken!

Fledermaus: Ich bin ein Winterschläfer. *(schlägt die Flügel um den Leib und hängt sich kopfüber an eine Stange)*

Engel: *(hämmert mit beiden Fäusten auf den Boden)* Ruhen! Verpuppen! Schlafen! Sagt mir lieber, was ich mit grünen Flügeln machen soll, jetzt, wo alles weiß ist?

Dachs:	Ja, Fledermaus, sags ihm! An Ruhe ist sonst bei dem Krach nicht zu denken.
Raupe:	Beim Verpuppen stört mich Krach zum Glück nur wenig. *(beginnt sich in Schals oder Papier einzuwickeln)*
Engel:	Huuh! Huuh!
Fledermaus:	Hör auf! Das ist nicht auszuhalten!
Engel:	Was soll ich denn machen? Mit grünen Flügeln im Winter?
Dachs:	Du könntest ruhen wie ich.
Engel:	Engel sind keine Winterruher.
Raupe:	Dann verpupp dich wie ich.
Engel:	Engel sind keine hässlichen borstigen Raupen.
Raupe:	Ach, du findest mich hässlich? *(traurig, dann munter)* Im Frühling wird aus mir ein schöner Schmetterling.
Dachs:	*(kichert)* Übertreib bloß nicht. Du wirst ein Kohlweißling.
Engel:	Huuh! Huuuh!
Fledermaus:	Fang nicht schon wieder an! Mach es wie ich *(schlägt seine Flügel um seinen Körper)* und schlaf.
Engel:	Ich bin kein Winterschläfer. Ich bin ein Engel.
Fledermaus:	Dann hau ab! *(jagt den Engel)* Husch! Weg! Zisch ab!
Dachs:	*(richtet sich auf)* He, mach das noch mal!
Engel:	Was?
Dachs:	Breite deine Flügel noch mal aus!
Engel:	*(breitet die Flügel aus)* So?
Dachs:	Genauso so. Ich habe eine Idee.
Fledermaus:	*(gähnt)* Wenn du so stehen bleibst, erkennt dich niemand.
Engel:	*(steht mit ausgebreiteten Flügeln)* Oh, wirklich nicht?
Fledermaus:	Vielleicht holt dich sogar jemand als Weihnachtsbaum.
Engel:	*(steht immer noch mit ausgebreiteten Flügeln)* Oh, wirklich?
Fledermaus:	*(zu Dachs und Raupe)* Und wir haben endlich unsere Ruhe.
Dachs:	Das war genau meine Idee. *(legt sich auf die Seite, Kopf zwischen den Pfoten. Die Raupe beendet ihre Verpuppung. Die Fledermaus hängt sich kopfüber, z. B. über eine Sessellehne)*

Krippenspiele –
auch mal anders

Das Weihnachtsfest ist endlich da - auch
wenn wir wegen der vielfältigen
Weihnachtsvorbereitungen kaum gemerkt
haben, wie die Zeit vergeht. Und nun sollen der Heilige Abend, sollen die
Weihnachtstage all das sein, was wir von
ihnen erhoffen: Tage der Fröhlichkeit und
Besinnlichkeit, des gemeinsamen Feierns
und Erinnerns.
Da sind Krippenspiele, die das Geschehen
der Heiligen Nacht besinnlich, auch fröhlich und ironisch vor Augen stellen, genau
richtig.

Sieh dir bloß den Esel an!

6-8 JAHRE
♀♀♀
🕐 3 MINUTEN

Personen: Zwei Kinder, ein Esel
Bühnenbild: Stall mit Krippe
Eingangsszene: Ein Kind sitzt auf dem Boden und liest vor, der Esel und das andere Kind betrachten die Krippe.

Erstes Kind:	*(liest)* In dieser Nacht, da war es dunkel.
	Sterne schienen wie Karfunkel.
Esel:	Ich weiß, wie die Geschichte geht,
	die da in eurem Buche steht:
	Karfunkel, Karfunkel,
	lasse dein Haar herunter.
Zweites Kind:	Sieh dir bloß den Esel an!
	Wie man nur so dumm sein kann.
	Das ist doch Rapunzel.
Erstes Kind:	*(liest)* Und im Stall brennt nur 'ne Funzel.
	In der Krippe liegt nur Stroh.
	Maria konnt nicht lange ruhn.
	Der König wollt dem Kind was tun.
Zweites Kind:	Was hat der König denn gewollt?
Esel:	Ich weiß, wie die Geschichte geht,
	die da in eurem Buche steht.
	Das hat der König doch gewollt:
	Maria, spinn das Stroh zu Gold.
Zweites Kind:	*(lacht)* Sieh dir bloß den Esel an!
	Wie man nur so dumm sein kann!
Erstes Kind:	*(liest)* Der König hat dem Kind gegrollt.
	Maria deshalb fliehen wollt.
Zweites Kind:	*(wendet sich an Hirten, Ochs und Lämmer)* Hört mal her, ich möchte fragen:
	Könnt ihr nicht Maria tragen
	mit dem Kinde, das so fein.

> Lässt sich auch gut mit nur einem Kind und dem Esel spielen.

Erstes Kind: *(liest)* Oooh, oooh, Kindelein,
selbst wenn du es vielleicht mir dankst,
ich habe leider zu viel Angst.
Selbst wenn ich dich hör weinen,
ich bin nur einer von den Kleinen.

Esel: Ich weiß, wie die Geschichte geht,
die da in eurem Buche steht.
Na, dann will ich es mal wagen,
Maria und das Kind zu tragen.

Zweites Kind: *(klatscht in die Hände)* Oh, oh, seht euch bloß den Esel an.
Wie stark und mutig er sein kann.

Die Krippenmaus

5-7 JAHRE

4 MINUTEN

Personen: Esel, Ochs, Maus
Bühnenbild: Stall mit Krippe
Eingangsszene: Die Tiere gehen im Stall umher und suchen ihren Platz.

Esel:	*(zeigt)* Ich bin der Esel.
	Du bist der Ochs.
Ochs:	Noch das Lamm dabei,
	dann sind wir drei.
	Wir sind die Krippentiere.
Esel:	Doch ich sehe viere.
Maus:	*(tänzelt umher)* Na und? Ich bin die Krippenmaus.

> Wollen mehr Kinder mitspielen? Bei Krippenspielen gibt es jede Menge stumme Rollen: Maria, Josef, Schafe ...

	Ich bin länger hier zu Haus,
	als Esel, Ochs und Lamm zusammen. *(tänzelt um Maria und das Kind)*
	Wisst ihr, woher die Leute stammen?
	Ich habe sie noch nie gesehen.
	Können die nicht ins Wirtshaus gehen?
	Um diese Zeit, rappadidu,
	seh ich dem Mäusefernsehen zu.
Ochs:	Es sind Maria und Josef mit dem Kind.
	Wie war noch mal sein Name? Sag geschwind!
Esel:	Jesus. Die drei konnten kein Bett finden.
	Alle Wirte sagten, sie sollen verschwinden.
Maus:	Na ja, es sind Fremde in der Stadt,
	die Herodes herbefohlen hat.
	Die haben jede Menge Mäuse mitgebracht.
	Wenn alle bleiben, na dann gute Nacht!
	(singt) Rappadidu, Schnucki,
	tanz mit mir Mäuseboogie!
Esel:	Herodes will sie zählen.

Maus:	*(lacht)* Die fremden Mäuse? Das schafft der nie.
	So viele auf einmal sah ich nie. *(tänzelt wieder um Maria und das Kind)*
	War wirklich frei kein einziges Zimmer
	für eine Frau mit ihrem Kind?
Ochs:	Moment, es kommt noch schlimmer.
	Es war kurz vor der Geburt.
Maus:	*(überrascht)* Und keiner der Wirte hat gespurt
	und ihr einen Raum zum Schlafen gegeben?
Esel:	So ist das eben.
	Sie hat das Kind hier im Stall bekommen.
Ochs:	So viel Not macht ganz beklommen.
Maus:	*(tänzelt)* Rappadidu,
	Mäuseköttel, was sagt man dazu?
Esel:	*(vorsichtig)* Wirst du sie aus dem Stall vertreiben?
Maus:	Nur keine Angst, sie können bleiben.
Ochs:	*(erleichtert)* Maria, wie schön, du kannst sicher schlafen
	mit dem Kind hier bei den Schafen.
	Wir sind die Krippentiere,
	sind wir jetzt auch viere.
Esel:	Ich Esel werde für dich wachen.
Ochs:	Ich Ochse bringe dich zum Lachen,
	wenn du ausgeschlafen hast.
Maus:	Okay, okay, ihr seid alle drei mein Gast,
	du, Maria, und du, Josef, *(beugt sich über das Jesuskind)*
	hier der kleine Schnucki.
	Rappadidu,
	mach die Augen zu!
	Schlaf ein, schlaf ein beim Mäuseboogie!

Jingle Bell

4-9 JAHRE

2 MINUTEN

Personen: Stern, Engel, Hirte, Christkind, Maria, König
Bühnenbild: Stall mit Krippe
Eingangsszene: Alle stehen nebeneinander hinter oder neben der Krippe. Sie treten nach und nach vor.

Alle: *(singen)* Jingle bell,
klingel hell,
klingel sanft und sacht!
Denn der große Stern dort oben
strahlt die ganze Nacht. *(Der Stern fängt an zu leuchten. Alle singen weiter)*

Jingle bell,
klingel hell,
klingel flink und flott!
Denn der dicke Engel da kündet uns
von Gott. *(Der Engel tritt vor und entrollt ein Banner: Fürchtet euch nicht! Alle singen weiter)*

Jingle bell,
klingel hell,
klingel lang und laut,
bis ein jeder Hirte hier nach dem Christkind schaut!
(Der Hirt geht zur Krippe. Alle singen weiter)

Jingle bell,
klingel hell,
klingel laut ganz laut!
Denn hier kommt das Christkind an,
das auf die Pauke haut! *(Das Christkind kommt mit einer Pauke und setzt sich zu Maria. Alle singen weiter)*

> Dieses einfache Krippenspiel kann hübsch gestaltet werden und bietet weitere Rollen: mehr Hirten, zwei weitere Könige, Schafe, Maria, Josef, Ochs und Esel.

Jingle bell,
klingel hell,
klingel leis und lind!
Denn im Stall Maria grad wiegt ihr liebes Kind. *(Maria wiegt
ihr Kind. Alle singen weiter)*

Jingle bell,
klingel hell,
klingel sanft und schrill!
Denn da kommt ein König an, der's Kind beschenken will. *(Der
König kommt mit Geschenk. Alle singen weiter)*

Jingle bell,
klingel hell,
klingel auf Geheiß, *(alle treten vor, bilden eine Reihe und
schauen das Publikum an)*
bis der letzte Mensch auf Erden von dem Christkind weiß.

Das Christkind hat Charme

4-7 JAHRE

3 MINUTEN

Personen: Panda mit Stofftier, Storch, Eisbär, Papagei
Bühnenbild: Stall mit Krippe
Eingangsszene: Panda, Storch, Eisbär und Paradiesvogel hüpfen um die Krippe herum.

Papagei: *(schwärmt)*
Das Kind hat Charme.
Doch es ist arm.

Panda: Seht euch das an!
Es hat ja keine Strümpfe an.

Storch: Ich ziehe gleich aus meine Strümpfe. *(zieht die roten Strümpfe aus und legt sie auf die Krippe)*

Panda: Läufst du dann barfuß in die Sümpfe? *(Storch schüttelt verneinend den Kopf. Panda, Storch, Eisbär, Paradiesvogel hüpfen um die Krippe herum)*

Papagei: *(schwärmt)*
Das Kind hat Charme.
Doch es ist arm.

Panda: Es liegt auf Stroh, das sticht und piekt,
dass sogar das Mäuslein quiekt.

Eisbär: Ich ziehe aus mein weiches Fell. *(zieht sein weißes Fell aus und legt es unter das Kind in der Krippe)*

Panda: Erkältest du dich dann nicht schnell? *(Eisbär schüttelt verneinend den Kopf. Panda, Storch, Eisbär, Paradiesvogel hüpfen um die Krippe herum)*

Papagei: Das Kind hat Charme.
Doch es ist arm.

Storch: Es hat nicht mal ein Kuscheltier.

Panda: Ich gebe ihm mein Liebstes hier.
Klein-Panda, der noch schrecklich klein. *(legt den Klein-Panda dem Christkind in den Arm)*

Storch:	Wirst du dann nicht traurig sein? *(Panda schüttelt verneinend den Kopf. Panda, Storch, Eisbär, Paradiesvogel hüpfen um die Krippe herum)*
Papagei:	Das Kind hat Charme. Doch es ist arm.
Eisbär:	Papagei, Lass doch diese Plapperei.
Panda:	Lass doch dieses Lärmen.
Storch:	Was willst du ihm denn schenken?
Papagei:	Ich brauch nicht lange nachzudenken. *(fängt an, seine Brustfedern auszurupfen)* Ich zupfe meine Federn aus, um es ganz lieb zu wärmen.

Der Hirte

6-9 Jahre

⏱ **10—12** Minuten

Personen: Zwei Hirten, Engel

Bühnenbild: Landschaft mit Schafherde, im Hintergrund die Stalltür

Eingangsszene: Engel erscheint mit viel Licht, ein heller Stern (Spot) leuchtet.

Erster Hirte:	*(beschirmt seine Augen)* Es ist taghell mit einem Mal.
Zweiter Hirte:	So etwas sah ich nachts noch nie. Hörst du die Schafe blöken?
Erster Hirte:	Ich fürchte mich. Was ist das bloß?
Zweiter Hirte:	*(aufgeregt erfreut)* Ein Engel. Ganz bestimmt ein Engel.
Erster Hirte:	Du Dummkopf, zu uns kommt doch kein Engel.
Zweiter Hirte:	Sieh doch den Glanz, die goldnen Flügel. Es muss ein Engel sein.
Engel:	Vom Himmel komme ich geflogen mit einer Botschaft, die ist wichtig: In einem Stall nicht weit von hier, da liegt ein Kind in einer Krippe, in Windeln gewickelt und von seiner Mutter sanft gewiegt. Das Kind wird die Dunkelheit erhellen und euch in Angst und Kummer trösten. Es wird allen Menschen Hoffnung geben. Drum eilt, ihr Hirten, macht euch auf und sucht das Kind!
Erster Hirte:	*(fällt dem Engel ins Wort)* Es ist Nacht. Wie können wir da das Kind finden?
Zweiter Hirte:	Psst, du darfst einem Engel doch nicht ins Wort fallen.
Engel:	*(deutet auf den hellen Stern)* Der Stern wird euch den Weg weisen. Wenn ihr dem Stern dort folgt, könnt ihr den Weg nicht verfehlen. Eilt, ihr Hirten, verliert keine Zeit. *(singt)* Gloria in excelsis Deo. Gloria in excelsis Deo.
Zweiter Hirte:	Wir sollten tun, was der Engel gesagt hat.
Erster Hirte:	Gut, treiben wir unsere Herden zusammen. *(beide gehen los, um die Schafe zusammenzutreiben)*
Erster Hirte:	Fertig, es kann losgehen. *(beschirmt die Augen mit der Hand)* He, warum dauert das bei dir so lange?
Zweiter Hirte:	Ein Schaf fehlt noch.

Erster Hirte:	Es kann doch nicht weg sein.
Zweiter Hirte:	Ist es aber. Ich muss es suchen gehen.
Erster Hirte:	Der Engel hat gesagt, wir sollen das Kind suchen.
Zweiter Hirte:	Ich muss zuerst das Schaf suchen.
Erster Hirte:	Der Engel hat gesagt, wir sollen uns beeilen, um zu dem Kind in der Krippe zu kommen.
Zweiter Hirte:	Aber ich kann doch das Schaf nicht einfach seinem Schicksal überlassen. Wenn nun ein Wolf kommt?
Erster Hirte:	Es gibt nicht viele Wölfe in dieser Gegend.
Zweiter Hirte:	Ab und zu gibt es doch einen. Vielleicht hat es sich auch verletzt.
Erster Hirte:	Welches Schaf ist es überhaupt?
Zweiter Hirte:	Das schwarze.
Erster Hirte:	Ein schwarzes Schaf? Ausgerechnet.
Zweiter Hirte:	Auch das schwarze Schaf gehört zu meiner Herde.
Erster Hirte:	Schwarze Schafe bringen sowieso nur Unglück. Sei froh, dass es weg ist.
Zweiter Hirte:	Nein, ich muss es auf jeden Fall suchen.
Erster Hirte:	Und wenn wir zu spät kommen? Und das Kind nicht mehr da ist?
Zweiter Hirte:	Ich finde das Schaf bestimmt schnell.
Erster Hirte:	Hast du vergessen, was der Engel gesagt hat? Das Kind wird uns trösten, wenn wir Angst haben.
Zweiter Hirte:	Ich habe schon oft Angst gehabt und würde mich gern trösten lassen. Aber ohne das Schaf kann ich nicht hier weg.
Erster Hirte:	Hast du vergessen, was der Engel gesagt hat? Das Kind wird uns auch trösten, wenn wir Kummer haben.
Zweiter Hirte:	Ich habe schon viel Kummer erlebt. Darum würde ich mich gern trösten lassen. Aber erst muss ich mein Schaf suchen.
Erster Hirte:	Hast du vergessen, was der Engel gesagt hat? Das Kind wird allen Menschen Hoffnung geben, auch uns Hirten.
Zweiter Hirte:	Ich war oft drauf und dran, alle Hoffnung zu verlieren. Das Hirtenleben ist hart. Wir Hirten sind arm. Ein Hoffnungsschimmer wäre schön.
Erster Hirte:	Na, siehst du! Also komm!

Zweiter Hirte:	Ich muss zuerst mein Schaf suchen.
Erster Hirte:	Wenn der Engel extra vom Himmel kommt und uns von dem Kind berichtet, dann ist es ein ganz besonderes Kind.
Zweiter Hirte:	O ja, bestimmt.
Erster Hirte:	Wenn das Kind uns trösten kann und uns Hoffnung gibt, ist es ein ganz besonderes Kind.
Zweiter Hirte:	O ja, bestimmt.
Erster Hirte:	Na also, dann ist es besser, wenn du nur weiße Schafe hast.
Zweiter Hirte:	Wieso?
Erster Hirte:	Für das besondere Kind eine besondere Herde. Sieh dir meine Herde an! Alles Lämmer weiß wie Schnee.
Zweiter Hirte:	Stimmt, du hast eine sehr schöne Herde.
Erster Hirte:	Ohne das schwarze Schaf ist deine Herde genauso schön.
Zweiter Hirte:	Das schwarze Schaf gehört nun mal dazu. Darum gehe ich es jetzt suchen.
Erster Hirte:	Ich würde dir ja suchen helfen. Der Engel hat aber gesagt, wir sollen uns beeilen.
Zweiter Hirte:	Geh ruhig los. Ich komme, wenn ich das Schaf gefunden habe.
Erster Hirte:	Dir ist nicht zu helfen. *(geht in die falsche Richtung davon)*
Zweiter Hirte:	*(sucht und ruft)* Schaf, liebes schwarzes Schaf, wo bist du? *(sucht und ruft)* Schaf, liebes schwarzes Schaf, wo bist du? Wo bist du, Schaf, liebes schwarzes Schaf? *(Die Stalltür geht auf: Maria, das Kind in der Krippe, Krippentiere)*
Engel:	*(mit dem Schaf auf dem Arm hervortretend)* Sieh, was ich gefunden habe.
Zweiter Hirte:	*(nimmt dem Engel das Schaf ab, drückt es an sich)* Da bist du ja, mein liebes schwarzes Schaf.
Engel:	*(zeigt auf die Krippe)* Sieh, da ist auch das Kind im Stall.
Zweiter Hirte:	Das Kind, das tröstet und Hoffnung gibt?
Engel:	*(nickt)* Du hast das Schaf gesucht und das Kind gefunden.
Zweiter Hirte:	Aber fürchtet sich das Kind nicht vor dem schwarzen Schaf?
Engel:	Dieses Kind ist ein besonderes Kind. Jedes Schaf ist ihm willkommen.

Das Christkind aus dem Teich

6-8 JAHRE

👤👤👤

🕐 **3** MINUTEN

Personen: Klapperstorch, Ochs, Esel
Bühnenbild: Stall mit Krippe
Eingangsszene: Der Storch dringt heftig in den Stall ein, in dem Ochs und Esel stehen.

Storch: Macht auf die Tür, lasst mich herein.
Ich will doch auch beim Christkind sein.
Auch wenn ihr staunt und vielleicht lacht:
Schließlich hab ich das Kind gebracht.

Esel: *(fassungslos)* Hat Gott den Storch damit betraut?
Und keine Angst, dass ders versaut?

Storch: *(selbstgefällig)* Ich stand am Teich und suchte lang
ein liebes Kindlein aus. Doch bang
bis rauf zum Hals schlug mir das Herz.
Vielleicht wars nur ein blöder Scherz,
den Englein da mit mir gemacht.

Esel: *(verwundert)* Was Gott sich wohl dabei gedacht?

Storch: *(selbstzufrieden)* Nun, ein Befehl von ganz weit oben,
da darfst als Storch du ja nicht toben.
Da hieß es, schnell und effektiv,
wie stets bei mir die Sache lief.

Ochs: *(nickt anerkennend den Kopf)* Wenn was bestellt der liebe Gott,
dann arbeitet der wirklich flott.

Esel: *(schüttelt den Kopf)* Es wäre besser doch gekommen,
hätt Gott es in die Hand genommen.

Storch: *(wedelt mit den Flügeln)* Nun ja, doch ich wars, ders gebracht,
und hab die Sache toll gemacht.
Beschützt es gut. Da liegt es nun.
Dies Krippenkind hat viel zu tun.

Ochs: Da kann man doch nur schnauben. *(schnaubt)*

Esel: Oder einfach glauben. *(scharrt mit den Pfoten)*

Marias List

8-12 JAHRE

6 MINUTEN

Personen: Maria, Josef, Ochs, Esel
Bühnenbild: Stall mit Krippe
Eingangsszene: Josef nimmt seinen Hut vom Haken und will gehen.

Maria:	Josef, lieber Mann, sag, wo willst du hin?
Josef:	Ins Wirtshaus, denn mir steht der Sinn
	nach einem Bierchen, schön gezapft.
Maria:	Dass du jetzt in die Nacht rausstapfst!
Josef:	Ich will nur weg für eine Stunde.
	Das reicht gerad für eine Runde
	durch alle Kneipen dieser Stadt.
Maria:	Musst du denn gehen? Ich fühle mich noch matt. *(beiseite zum Publikum)*
	Wie kann ein Mann in solcher Stunde
	nur denken an die Kneipenrunde!
	Die Heilige Nacht – mag er auch fluchen –
	hat andre Pflichten. Ich werds mit einer List versuchen. *(beugt sich über das Kind)*
	Denkst du denn gar nicht an das Kind?
Josef:	Es schläft, und eh es aufwacht, sich besinnt,
	ist sein lieber Papa wieder hier.
Maria:	*(zeigt auf den Ochsen)* Mich ängstigt dieser wilde Stier …
	(Der Ochs schnaubt laut) Er schnaubt so laut.
Josef:	Es ist ein Ochs, und sanft er schaut.
	Er wird dem Kind und dir nichts tun.
Ochs:	Muuuh, muuuh, muuh!
Maria:	Doch hörst du nicht sein tiefes Muhn?
	Es schlägt das Herz mir bis zum Hals.
	Ich bleib allein hier keinesfalls.
	Auch dieser Esel scheint voll Tücke. *(Esel schüttelt die Ohren)*

Josef:	Mach nicht aus Elefanten eine Mücke!
	Er scheint, weils kalt heut Nacht, ein wenig mir verfroren,
	schlenkert, um sich zu wärmen, mit den Ohren.
Maria:	Er bleckt die Zähne – sieh – was macht er da?
Esel:	Iiii-Aaaa! Iiii-Aaaa! Iiii-Aaaa!
Josef:	Er hat nichts Böses doch gemacht.
	Es ist die Art, wie halt ein Esel lacht.
Ochs:	Muuuh, muuuh, muuh!
Maria:	Josef, hör mir zu!
	Weckt dieses Esellachen oder dieses Muhn
	das Kind, kriegst du's mit mir zu tun. *(beugt sich über das Kind, summt)*
	Hast du, Josef, das schon vergessen,
	keiner der Wirte war versessen
	darauf, ein Zimmer uns zu geben.
Josef:	*(ungeduldig)* Ist mir egal, muss einen heben
	auf die Geburt von unserm Sohn. *(will gehen)*
Maria:	*(schaut hoch, bedauernd, aber erfreut)* O je, so leid mirs tut,
	die Hirten kommen schon.
	Es ist zu spät, du wirst jetzt hier gebraucht
	für eine Szene, die so sehr erlaucht,
	dass Engel selbst den Hirten sie verkündet.
Josef:	Okay, okay, ich weiß ja, dass das mündet
	in dieser Szene schlichter Häuslichkeit.
	Also kein Bier! Ich bin bereit.
	Wenn eine Frau mit so viel List
	matt, ängstlich und auch hilflos ist,
	dann macht der Mann ja keine Jause,
	bleibt brav bei Frau und Kind zu Hause,
	im Stall. *(hängt den Hut wieder auf)*
Maria:	Josef, so ist das überall. *(singt)*
	Josef, lieber Josef mein,
	hilf mir wiegen mein Kindelein …

Ein kleiner König

4-6 JAHRE

4 MINUTEN

Personen: König, Schaf
Bühnenbild: Vor der Tür zum Weihnachtszimmer
Eingangsszene: Der König kommt aus dem Weihnachtszimmer, stolziert umher und trifft das Schaf.

König: *(geheimnisvoll)* Ich bin ein kleiner König.
Erzähl dir jetzt ein Ding
von einem Kind in diesem Stall. *(zeigt auf den Stall)*

Schaf: Das glaube ich auf keinen Fall. *(schüttelt den Kopf)*
Es gibt kein Kind in diesem Stall.
Das wäre auch ein Ding.
Du kannst sagen, was du willst.
Da wohne ich mit meiner Frau.
Das weiß ich ganz genau.

König: Ich bin ein kleiner König.
Was ich dir jetzt erzähle,
ist ein Ding mit Pfiff.

Schaf: Du bist schwer wohl von Begriff?

König: *(spricht einfach weiter)* Von einer Jungfrau auserkoren
wurde dort das Kind geboren.

Schaf: Was hat denn dort ein Kind verloren?
Und was heißt hier schon auserkoren,
wenn eine Frau beim Kinderkriegen
muss auf Stroh im Stall dort liegen?
Im Stall wohn ich mit meiner Frau.

König: Es mag ja sein, dass du bist schlau.
Trotzdem – das Kind wohnt dort im Stalle.

Schaf: *(misstrauisch)* Ist das vielleicht nur eine Falle?
Wär meine Frau im Stall geblieben,
wenn dort ein Kind kam auf die Welt?
Hältst du für dumm uns Schafe?

	Ich lach dich aus zur Strafe. *(lacht meckernd)*
König:	Ich steh über den Dingen.
	Das Lachen wird dir noch vergehen,
	hast du erstmal das Kind gesehen.
Schaf:	*(empört)* Schafsteufel, wer uns so verachtet …!
König:	Ich hab in Wahrheit es betrachtet,
	und es ist wunderschön. *(geht ein Stück weg vom Schaf)*
Schaf:	O je, er lässt mich stehen?
	Hat er doch ein Kind gesehen?
	Besser ist es nachzuschauen!
	Nur meinen Augen will ich trauen. *(nachdenklich)*
	Oder ist das stur?
König:	*(öffnet die Tür zum Weihnachtszimmer)* Ein kleiner König bin ich nur
	und bin jetzt guter Dinge.
	Das Kind ist wirklich wunderschön.
	Darum kann ich nach Hause gehn
	und allen Menschen sagen:
	Im Zweifel könnt ihr mich,
	den kleinen König, fragen.

Die Heiligen drei Könige

9-12 JAHRE

5 MINUTEN

Personen: Maria, Josef, Balthasar, Caspar, Melchior
Bühnenbild: Stall mit Krippe
Eingangsszene: Josef stopft das Stroh zurecht und füttert die
Tiere. Maria wiegt das Kind mit einem gesummten *Schlaf,
Kindchen, schlaf.* Die drei Könige kommen: Caspar mit einem
Camcorder, Melchior mit einem Scheinwerfer und Balthasar mit
vielen Paketen. Sie stellen die Geschenke ab, nicken und schauen
sich alles an.

Balthasar:	Wow!
Melchior:	Was für 'ne Show!
Caspar:	Mensch, Melch,
	ich glaub, mich knutscht ein Elch!
Balthasar:	*(gestikuliert wie ein Regisseur)* Caspar,
	wir fangen mit einer Totalen an.
	Und dann auf sie. *(deutet auf Maria*
	und das Kind) Geh ganz dicht ran.
	(Melchior blendet Maria mit dem
	Scheinwerfer)
Maria:	*(hebt die Hände vors Gesicht)* Was habt ihr hier verloren?
Balthasar:	*(zu Maria und Josef)* Mit Pampers, Alete und Hipp als Sponsoren
	wollen wir einen Fernsehfilm drehen.
Maria:	O Josef, wie soll ich das verstehen?
Josef:	*(zuckt die Achseln)* Wenn ich es wüsst, ich würde es dir sagen.
	Doch dieser Trubel schlägt mir auf den Magen.
Maria:	*(zupft Balthasar am Ärmel)* Bitte, es ist wohl besser, ich erfahr's.
Balthasar:	*(begeistert)* Frau, ihr werdet Fernsehstars,
	weltberühmt und das für alle Zeiten. *(dirigiert Caspar und*
	Melchior herum)
	Und wir werden euer Leben begleiten
	mit Pampers, Alete und dem dritten – das ist doch hip!

> Balthasar, Caspar
> und Melchior
> bringen Windel-
> paket, Hipp-Glas
> und Alete-Puder
> als Geschenke,
> tragen T-Shirts mit
> den Logos der
> Sponsoren.

Melchior:	Vergiss nicht die Tiere, Caspar, den Esel, den Ochs.
Caspar:	Hab ich längst in meiner Box.
	Melch, so was kommt bei den Zuschauern an.
Melchior:	Obwohl – mit Hund oder Affe wärn wir besser dran.
Balthasar:	*(spricht ins Handy)* Können wir den Rex bekommen? Nein?
	Dann muss es der Schimpanse sein.
Josef:	Ein Affe? Halt, das geht zu weit.
	Ihr habt nicht mal gefragt, ob wir zu all dem bereit.
Caspar:	Der Schimpanse Charly ist einer von den lammfrommen.
Maria:	Trotzdem, Josef, ist mir beklommen.
	Kann ich mein Kind nicht davor schützen?
Melchior:	*(zu Caspar)* Es wird ihnen nichts nützen,
	hat Balthasar sie erst am Wickel.
Caspar:	Der denkt ohnehin nur an Euro und Nickel.
Josef:	Halt, Schluss, aus!
	Mutter und Kind brauchen Ruhe.
Balthasar:	Was soll denn auf einmal dieses Getue?
	Wer sind Sie überhaupt? *(beschwichtigend)* Machen Sie kein Theater.
Josef:	Aber ich bin der Vater.
Balthasar:	Sie kriegen eine Homepage. Ziehen Sie keinen Flunsch.
Maria und Josef:	Eine Homepage? Das ist nicht unser Wunsch.
Balthasar:	Aber Pampers, Hipp und Alete
	bringen Ihnen jede Menge Knete!
	Denken Sie an T-Shirts, Aufkleber, Figuren! Und Fun!
Maria:	Mir kommt es nur auf das Kind hier an. *(summt)* Schlaf, Kindchen, schlaf!
Balthasar:	*(begeistert)* Auch eine CD könnten wir machen.
Josef:	Wir drei jedoch hätten nichts mehr zu lachen. *(entwindet Caspar den Camcorder, drängt ihn, Balthasar und Melchior hinaus)*
Balthasar:	*(ruft verzweifelt)* Also wirklich kein Marketing.
Maria:	Oh, Josef, was ist denn das für ein Ding?

Der Verkündigungs-Rap

9-12 JAHRE
☺☺☺
🕐 **5** MINUTEN

Personen: Engel, zwei Hirten
Bühnenbild: Freies Feld
Eingangsszene: Hirten und Schafe stehen auf dem Feld, der Engel auf einer Stehleiter. Er spricht rappend, d. h. im rhythmischem Sprechgesang zu ihnen. Sie antworten im normalen Tonfall.

Engel:
He, Leute, sagt mal, seid ihr vielleicht Hirten?
Als sie euch beschrieben, hab ich wohl gepennt.
Ein paar von uns, die am Himmel lang schwirrten,
haben behauptet, ihr seht aus wie Schafe.
Ich habe gelacht, und nun soll ich zur Strafe
den Himmel abfliegen, bis ich sie gefunden.
He, Leute, sagt, ob man euch Hirten nennt.

Erster Hirte: Wir sind sicher, wir sind Hirten auf der Weide, ja.
Zweiter Hirte: Doch ob wir glauben sollen, du seist ein Engel?
Erster Hirte: So ein rappender Engel war noch niemals da.

Engel:
(rappend) Hallo, ihr Hirten, ich flieg schon seit Stunden
hier draußen herum und hab euch gesucht.
Bitterkalt ist es, und Eis an den Flügeln
ist nicht grade mein Ding, und so hab ich geflucht.
Sind die Flügel zerknittert, dann muss ich sie bügeln.
Hab auch schon
Wolken geschoben
zur Strafe.
He, Leute, sagt, sind
das vielleicht Schafe?

Erster Hirte:
(oder Erstes Schaf)
Wir sind sicher, das
(wir) sind Schafe auf
der Weide, ja.

> Wenn nur zwei Kinder das Stück spielen wollen, übernimmt eins die Rolle des Engels, eins den gesamten Text der Hirten und Schafe. – Mehr Rollen ergeben sich durch die Schafe. Die erste Zeile heißt dann: *Wir sind sicher, wir sind Schafe.*

Zweiter Hirte:	*(oder Zweites Schaf)* Doch ob wir glauben sollen, du seist ein Engel?
Erster Hirte:	*(oder Erstes Schaf)* Ein rappender Engel war noch niemals da.
Engel:	*(rappend)* Ich hab eine Message von ganz weit oben,
	eine wichtige Botschaft, die ist ernst gemeint.
	Wenn ihr die nicht kriegt, wird der Alte toben.
	Eine wichtige Botschaft für euch, die geht so:
	Da wo der Stern überm Stall heute scheint,
	liegt bei Ochs und Esel ein Kind in den Windeln.
	Ich sage die Wahrheit. Warum sollt ich schwindeln?
Erster Hirte:	Deine Botschaft hörn wir gerne in der dunklen Nacht.
Zweiter Hirte:	Doch ob wir glauben sollen, du seist ein Engel?
Erster Hirte:	Ein rappender Engel hat noch nie sie/eine gebracht.
Engel:	*(rappend)* Habt ihr etwa Bammel? He, Leute, hört zu!
	Glaubt mir, dieses Kind, dieser kleine Scheißer,
	ist für euch und alle Menschen der große Verheißer.
	Lasst euch durch die Worte jetzt bloß nicht verwirren.
	He, wohin wollt ihr? *(Die Hirten machen sich mit den Schafen auf zum Stall)* Nur mit der Ruh!
	Habt alles gecheckt ihr? Ist alles klar? *(Hirten und Schafe nicken)*
	Na super, dann kann ich beruhigt abschwirren.

Maria wartet

9 -12 JAHRE
⏱ 5 MINUTEN

Personen: Maria, Bär
Bühnenbild: Stall mit Krippe
Eingangsszene: Maria summt *Herbei, herbei ...,* der Bär kommt herein.

Bär:	Mir war, als hörte ich dich singen.
	Mir war, als wenn die Glocken klingen. *(sieht sich um)*
	Bist du allein?
Maria:	Komm nur herein!
	Siehst du mein Kind auf dem Schoß hier liegen?
	Ich sollte es in den Schlaf längst wiegen.
Bär:	Maria, du hältst das Kind im Schoß.
	Maria, worauf wartest du bloß?
Maria:	Auf Josef, meinen lieben Mann.
	Wie er nur so lange fortbleiben kann.
Bär:	*(späht ins Publikum)* Ich kann Josef noch nicht sehen.
Maria:	Wie soll ich das verstehen?
	Bär, siehst du den Engel am Himmel schon fliegen?
	Ich muss doch das Kind in den Schlaf jetzt wiegen.
Bär:	*(späht nach rechts ins Publikum)* Ich kann noch keinen Engel sehen.
Maria:	Wie soll ich das verstehen?
Bär:	Maria, du hältst das Kind im Schoß.
	Maria, worauf wartest du bloß?
Maria:	Bär, siehst du schon Hirten kommen vom Feld?
	Ob das Kind noch so lange die Augen aufhält?
Bär:	*(späht nach links ins Publikum)* Ich kann noch keinen Hirten sehen.
Maria:	Wie soll ich das verstehen?
Bär:	Maria, du hältst das Kind im Schoß.
	Maria, worauf wartest du bloß?

Maria: Bär, haben vielleicht die Menschen Zeit?

Bär: *(späht ringsum ins Publikum)* Ich sehe keine Menschen weit
und breit. *(traurig)* Das macht mir Kummer.

Maria: *(traurig)* Das Kind braucht seinen Schlummer.
Doch so allein zu sein, das tut weh.

Bär: Maria, ich hätte da eine Idee.
Sing ein Lied, das in aller Herzen dringt,
das endlich den Mann dir nach Hause bringt!
Ein Lied, bei dem niemand bleibt verstockt,
das selbst die Engel vom Himmel lockt
und das den Hirten Beine macht
wie allen Menschen in dieser Nacht.

Maria: Brummbär, du Lieber, dein Rat ist gut.
Du machst mir wieder neuen Mut. *(singt)*

Herbei, herbei,
ob groß,
ob klein

Herbei, herbei, ob jung, ob alt!
Lasst dieses Kind nicht links liegen!
Kommt, helft mir doch wiegen ohn Aufenthalt
das Kind, damit es einschläft bald.
Herbei, herbei!

Bobby und der Pudel
oder Pauls Geschichte

7-12 JAHRE

😊😊

🕐 5 MINUTEN

Personen: Hund Bobby, ein Pudel
Bühnenbild: Stall mit Krippe
Eingangsszene: Der Hund Bobby sitzt
mit fromm gefalteten Pfoten vor der
Krippe, der Pudel stürmt wie ein Wirbelwind in den Stall.

> Für dich, Paul!

Hund Bobby:	Welch wundersames Krippentier
	erscheint denn plötzlich neben mir?
	Du kommst hier an als wilder Strudel!
	O weh, du bist ein schwarzer Pudel!
	Nach Schwefel stinkt es hier auch plötzlich,
	nicht mehr nach Weihrauch so ergötzlich. *(sieht auf Maria)*
	Wie mulmig wird mir! Ich hab Angst.
Pudel:	*(listig)* Nicht nötig, dass du um sie bangst. *(deutet auf Maria und das Kind)*
Hund Bobby:	Bist du allein?
Pudel:	Nach Augenschein.
	Die Kleinen von den Meinen
	werden heute nicht erscheinen.
Hund Bobby:	Die Kleinen von den Deinen –
	wen kannst du damit meinen?
	He, kommst du etwa jetzt im Rudel?
	Wo sind die anderen Pudel?
	Ich weiß, das kann gefährlich werden.
Pudel:	Ostern vielleicht. Doch nicht, wenn Weihnacht hier auf Erden.
Hund Bobby:	Wenn ins Haus der Pudel schneit,
	ist der Teufel auch nicht weit.
Pudel:	Mein Lieber, du bist ganz schön spinnert.
	Sei, Bobbyhund, daran erinnert,
	unter dem schwarzen Pudelfell

> In Goethes Theaterstück *Faust* erscheint Mephisto, der Teufel, zu Ostern dem Gelehrten Faust in Gestalt eines Pudels.

	bin ich voll Liebe, licht und hell!
	Na gut, als Engel bin ich einst gefallen
	vom Himmel. Doch nur aus Versehen!

Hund Bobby: *(legt die Pfote schützend auf das Kind)* Versprich mir, ihm wird
nichts geschehen!
Ein Pudel ist ein Satansbraten,
wer mit dir umgeht, schlecht beraten.

Pudel: *(mit gespielter Empörung)* Na, das find ich nicht zum Lachen.
Wie kannst du mich zum Buhmann machen?
Und außerdem – wie stehts mit dir?
Hast du das Recht zum Krippentier?
Bist du stets lieb und auch lammfromm? *(winkt)*
Raus mit der Sprache! Komm, na komm!

Hund Bobby: Ich kann dem Kind doch sehr viel nützen
und werde es ganz gut beschützen.

Pudel: Doch bist du, Bobbyhund, ein Engel?

Hund Bobby: *(schüttelt einsichtig den Kopf)* Bin nur ein alter Hundebengel.
Leg manchmal faul mich auf die Haut,
(mit schlechtem Gewissen) hab auch den Teppich angekaut.
Ein Würstchen ich schon mal stibitz.

Pudel: Ein Dieb bist du? Das ist ein Witz!
Und nennst mich Teufel? Satansbraten?
Plusterst dich auf und willst mir raten,
schleunigst wieder zu verschwinden?

Hund Bobby: Das Christkind wird dich überwinden.

Pudel: *(höhnisch)* Der Winzling dort? Dass ich nicht lache!

Hund Bobby: Dann mach ich das zu meiner Sache.
Hör nur, wie laut ich bellen kann
und hör dir bloß mein Knurren an! *(bellt und knurrt gewaltig)*

Pudel: *(sich feige zurückziehend)* Das ist mir dann doch zu verwegen.
Den Rückwärtsgang jetzt einzulegen,
das scheint mir wirklich angeraten.

Hund Bobby: *(erfreut)* Er läuft davon, der Satansbraten. *(schnüffelt)*

Riecht nicht schon frischer jetzt die Luft?
Ist das ein Hauch von Weihrauchduft? *(erleichtert)*
Wie schön, dass das so gut geklappt!
Kein Hund gern nach dem Teufel schnappt.

Das alte und das neue Jahr

Ein neues Jahr beginnt, mit guten
Vorsätzen, mit Wünschen, Hoffnungen
und gespannten Erwartungen.
Das alte Jahr wird abgelöst, die bösen
Geister, trübe Gedanken, schlechte
Erinnerungen werden verjagt mit Raketen
und Krachern, die Angst und Unsicherheit
übertönen und bunte Sterne an den
Silvesterhimmel zaubern. Prosit Neujahr!
Lassen Sie sich von Kindern den Weg ins
neue Jahr zeigen.

Das alte und das neue Jahr

6-9 JAHRE

☺ ☺ ☺

🕐 6 MINUTEN

Personen: Kind, altes Jahr, neues Jahr
Bühnenbild: Großer Pappkarton oder Kiste
Eingangsszene: Das neue Jahr schaut neugierig aus dem Karton hervor. Das alte Jahr versucht, es in die Kiste zu drücken und Deckel wieder zuzumachen.

Altes Jahr:	*(alt und gebückt)* Das neue Jahr soll nicht beginnen.
	Drum bleibe mal ganz hübsch darinnen.
Neues Jahr:	*(frech und munter)* Ein richtiges altes Luder biste.
	Hilf mir lieber aus der Kiste.
	Was soll die Eifersüchtelei.
	Deine Zeit ist jetzt vorbei.
Kind:	*(mit Stoffhasen im Arm, kommt angesprungen)* Ich hab an dich, du neues Jahr,
	ganz viele Wünsche. Geht das klar?
Altes Jahr:	*(drängt Kind weg)* Hab ich nicht gut für dich gesorgt?
Neues Jahr:	*(steigt mit einem Bein aus der Kiste)* Deine Zeit war nur geborgt.
	(wendet sich an das Kind) Sag mir deine Wünsche nun.
	Muss schließlich wissen, was zu tun.
Kind:	Ich wünsch mir einen lieben Hund.
Neues Jahr:	*(hält inne)* Du sollst ihn haben.
Altes Jahr:	*(böse)* Den füttere ich dann kugelrund.
Kind:	Mein Hamster, der soll nicht mehr quieken.
Neues Jahr:	*(steigt mit dem anderen Bein aus der Kiste)* Das ist schon schwerer. Ich muss kieken,
	was sich da machen lässt.
Altes Jahr:	*(böse)* Umsonst! Der Hamster kriegt die Pest!
Kind:	In der Schule lauter Zweien.
	Dann kann Mama auch nicht mehr schreien.
Neues Jahr:	Die Lösung ich im Kopf schon wälz.

Altes Jahr:	*(böse zum Kind)* Du bist und bleibst ein fauler Pelz!
Kind:	*(streichelt Stoffhasen)* Wenn an mir dir wirklich liegt,
	der Stoffhase vier Junge kriegt.
Neues Jahr:	Was für ein Wunsch! Da muss ich lachen.
	Wunder kann ich auch nicht machen.
Kind:	Das find ich doof! Du bist gemein!
Altes Jahr:	*(hinterhältig zum Kind)* Kind, lass getrost das Wünschen sein.
	Das neue Jahr ist jung und kesser.
	Doch es ist nicht wirklich besser.
Neues Jahr:	*(fuchtelt, hat plötzlich einen kleinen Stoffhasen in der Hand)*
	Doch weil ich ein bisschen zaubern kann,
	macht ich dir Hoffnung. Irgendwann
	kriegst du auch die andren drei
	Häschen wie durch Zauberei.

Der Janus-Wächter

6-9 JAHRE

⏱ **4** MINUTEN

Personen: Kind, Janus mit Gesichtsmaske hinten und großem (Papp-)Schlüssel

Bühnenbild: Ein großes, geschlossenes Tor

Eingangsszene: Janus steht vor dem Tor mitten auf der Bühne, das Kind kommt an und staunt.

Kind:	Hab ich dich schon mal gesehen?
	Sah ich dich schon mal hier stehen?
Janus:	*(steht breitbeinig)* Ich bin Janus und halte Wacht.
	Denn es ist Silvester-Nacht.
Kind:	Janus, ein seltsamer Name fürwahr.
	Hat das was zu tun mit Januar?
Janus:	Mein Name, versteht sich, spricht Bände:
	Gott bin ich für Eingang, Ausgang, Anfang und Ende.
Kind:	Gott? *(grinst ungläubig, betrachtet das Tor)* So'n großes Tor!
	Wer wohnt dahinter?
	Ist das vielleicht der Winter?
Janus:	Nein. Da wohnt das neue Jahr.
Kind:	*(zeigt auf das Tor)* Wenn ich mal schaue, geht das klar?
	Bin schon gespannt, was es mir bringt. *(besorgt)*
	Ob mein Kanari wieder singt?
Janus:	*(stellt sich breitbeinig vor das Tor)* Wenn einer kommt, will durchs Tor:
	Das kann er nicht: Ich steh davor.
	Das alte Jahr ist nicht verflossen,
	bevor das Tor ich aufgeschlossen.
Kind:	Ich möchte doch nur ganz kurz schauen.
Janus:	*(klappert mit dem Schlüssel)* Als Wächter kann man mir vertrauen.
Kind:	Das alte Jahr war nicht so doll.
	Davon hab ich die Nase voll.

Im Winter erst die fiese Kälte.
Von Mama gab es viele Schelte.
Es singt Kanari seit zehn Wochen
kein Lied. Ich hab den Arm gebrochen,
und manchmal tut er mir noch weh.

Janus: *(beschirmt die Augen mit der Hand)* Du siehst nur Schlechtes.
Doch – juchhe –
am alten Jahr war dann und wann
doch auch sehr viel Gutes dran.
Du konntest Snowboard fahren, Ski,
verpatztest Schularbeiten nie.

Kind: Vorbei! Das nervt mich! – Sogar sehr!
Mich interessiert das neue Jahr doch mehr.
Janus, siehst du Vergangenes so gut,
schau in die Zukunft. *(zeigt auf das Tor)* Mach mir Mut!

Janus: *(ohne sich umzudrehen, beschirmt die Augen am Hinterkopf)*
Na gut!

Kind: Blick durch das Tor. Sei nicht dumm!
Nun mach schon, Janus, dreh einfach dich um!

Janus: Das ist nicht nötig, weil ich das nicht brauch.

Kind: *(dreht ihn herum, sieht sein Gesicht hinten, staunt)* Was? Du
hast hinten Augen auch? *(piekt auf seinen Bauch)*
Ist das nun dein Rücken oder dein Bauch?

Janus: *(beleidigt, beiseite)* Mach dich nur lustig! Kannst lange flehen,
soll ich für dich ins neue Jahr sehen.

Kind: *(dreht ihn um)* Nur einen Blick, Janus, bitte, sei kein Biest!

Janus: *(beschirmt wieder die Augen am Hinterkopf)* Ich sehe was, was
du nicht siehst. *(verschränkt die Arme)*
Doch werde ich es nicht verraten.
Es ist doch besser fürs Gemüt,
wenn man nicht in die Zukunft sieht:
Bei Gutem ist die Freude hin.
Bei Schlechtem wird betrübt der Sinn.

Silvester-Spuk

5-7 JAHRE

3 MINUTEN

Personen: Geisterjäger, Geist
Bühnenbild: Ihre Terrasse oder Ihre Diele mit Böllern, Trommeln, Topfdeckeln, Pfeifen, Trompeten, buntem Licht …
Eingangsszene: Der Geist spukt herum, kichert und lacht, der Geisterjäger versucht, ihn zu fangen.

Geisterjäger:

Husch husch, fort mit euch!
Ihr seid böse Geister.
Husch husch, fort mit euch!
Heute sind wir Meister! *(Der Geist spukt weiter herum, kichert und lacht, obwohl er immer weiter gejagt wird)*
Husch husch, weg, du Geist!
Denn du bist ganz böse.
Husch husch, weg, du Geist!
Ich mach jetzt Getöse. *(beginnt zu trommeln. Der Geist spukt weiter herum, kichert und lacht und wird weiter gejagt)*
Husch husch, garstger Wicht
Silvester macht dir Beine
Husch husch, garst'ger Wicht,
Chancen hast du keine! *(macht mächtigen Lärm, zündet Böller. Buntes Licht flackert auf. Der Geist verschwindet mit Geschrei)*

Ein Spiel für draußen, an dem sich auch Erwachsene beteiligen können, und für viele Geister und Geisterjäger. Achtung! Beim Zünden der Böller ist Hilfe der Eltern nötig.

Die Geisterjäger

8-10 JAHRE

3 MINUTEN

Personen: Zwei Geisterjäger, ein Geist
Bühnenbild: Ihre Terrasse oder Ihre Diele mit Böllern, Trommeln …
Eingangsszene: Der Geist spukt herum, kichert und lacht. Die Geisterjäger marschieren auf, trommeln und sprechen im Takt.

Die Geisterjäger:

Wum-bam bum-bam, wum-bam bum-bam,
Geisterjäger sind wir heut!
Heda, macht doch Platz, ihr Leut!
Die Geister werden immer dreister!
Doch genau um Mitternacht,
da geht ein böser Geist koppheister,
der immer kichert, spukt und lacht.
Wum-bam bum-bam, wum-bam bum-bam,
jetzt bist du dran, jetzt bist du dran!
Wir Geisterjäger stehen wie ein Mann!
Wum-bam bum-bam, wum-bam bum-bam!
(Der Geist spukt weiter herum, kichert und lacht)
Wum-bam bum-bam, wum-bam bum-bam,
he, ihr Geister, seid gewarnt!
Heut wird jeder böse Geist enttarnt.
Wer da kichert und fürchterlich lacht,
dem gehts an den Kragen in dieser Nacht!
Werdet ruhig noch viel dreister.
Um Mitternacht geht ihr koppheister!
Wum-bam bum-bam, wum-bam bum-bam,
und reicht unser Trommeln und Stampfen nicht aus,
schicken euch Böller und Kracher nach Haus.
Wum-bam bum-bam, wum-bam bum-bam.
(Sie marschieren nach draußen, alle Gäste folgen, Böller werden gezündet. Der Geist schreit und verschwindet)

Was bringt die Zukunft?

5-10 JAHRE

 6 MINUTEN

Personen: Kind, Hund, Katze

Bühnenbild: Eine große Tonne mit Kelle und Pappkerze, viele Zukunftswünsche auf schmalen, zusammengerollten, farbigen Papierstreifen, die nach und nach als *Blei* aus der Tonne gefischt werden

Eingangsszene: Das Kind rollt die Wassertonne heran, der Hund liegt faul in der Ecke, die Katze putzt sich.

Hund:	Was willst du mit der Wassertonne?
Kind:	Wir brauchen sie fürs Bleigießen.
Hund:	*(gähnt)* Ist schon wieder Silvester?
Kind:	Ja. Ist das nicht toll?
Hund:	Vor allem laut. *(legt die Pfoten an die Ohren)*
Katze:	*(räkelt sich)* Was willst du mit der Tonne?
Kind:	Bleigießen.
Katze:	Was soll das?
Kind:	Bleigießen ist einfach das Schönste. Also liegt nicht faul herum. Helft mir lieber. *(Hund gähnt, steht auf)* Wollt ihr denn gar nicht wissen, was euch das neue Jahr bringt?
Hund:	Viele Würste vielleicht? *(packt mit an)*
Katze:	*(räkelt sich)* Mäuse? Ich mag lieber Mäuse. *(schmatzt und fährt sich mit der Pfote über den Schnurrbart, packt mit an, blickt in die Tonne, enttäuscht)* Da sind keine Mäuse drin. Nur diese Kelle. *(hebt sie heraus)*
Hund:	*(blickt in die Tonne, enttäuscht)* Da sind keine Würste drin. Nur Blei und diese Kerze. *(hebt beides heraus und legt es beiseite)*
Kind:	Muss ich euch jedes Jahr erklären, wie Bleigießen geht? *(Hund und Katze nicken. Das Kind macht vor)* In die Kelle kommt das Stück Blei. Dann wird die Kelle über die Kerze gehalten. Das Blei wird flüssig, und dann hinein damit ins Wasser. Das Blei erstarrt, und die Bleifigur sagt dann, was das neue Jahr bringen

wird. *(Katze und Hund legen abwechselnd ein Stück »Blei« in die Kelle, halten sie über die Kerze, dann in die Tonne, ziehen wieder heraus, öffnen den Zukunftsspruch und lesen vor)*

Hund oder Katze: Dieses Stück Blei ist für Mama
(Papa/Oma/Opa/Geschwister/Freunde).

Das neue Jahr dir Glück verheißt,
auch, dass dein Hamster nicht mehr beißt.

Die Zukunft bringt im neuen Jahr
dir schon viel Moos im Januar.

Die Zukunft wird für dich 'ne Pracht,
weil sie zum Chef im Haus dich macht.

Auch die Heike kann sich freuen:
Das neue Jahr bringt ihr 'nen neuen.

Die Zukunft bringt dir viel Pläsier,
sogar in Mathe eine Vier.

Im neuen Jahr, so wird es sein,
seid ihr ganz bestimmt zu drein.

Die Zukunft für dich strahlt und glänzt,
wenn du nur oft die Schule schwänzt.

Du fällst – was für 'ne Zukunftschance! –
vor der Trauung schnell in Trance.

Die Zukunft hält im Internet
Für dich bereit 'nen tollen Chat.

Reimen Sie selbst! Noch mehr Zukunftssprüche finden Sie in meinem Buch *Neue Weihnachtsgedichte für Kinder* auf Seite 21.

Die bösen Geister werden heut verjagt, krach-bum

6-9 JAHRE

☹ ☹ ☹ ☹

🕐 **6** MINUTEN

Personen: Zwei gute Geister, zwei böse Geister

Bühnenbild: Ihre Terrasse oder Ihre Diele mit vielen Böllern und Lampen mit farbigem Glas

Eingangsszene: Die zwei guten Geister laufen unruhig umher und starren ins Publikum.

1. guter Geist:	Hörst du das?
2. guter Geist:	Ein schreckliches Geräusch! Wer ist das?
1. guter Geist:	Sie versammeln sich schon wieder.
2. guter Geist:	Wer?
1. guter Geist:	In jeder Silvesternacht ist es dasselbe.
2. guter Geist:	*(ängstlich schlotternd)* Du meinst doch nicht – sie?

> Lassen Sie die Kinder überlegen, wie die bösen Geister spuken.

1. guter Geist:	*(nickt, schaut Publikum an)* Doch – sie!
2. guter Geist:	Wir müssen sie aufhalten.
1. guter Geist:	Zu spät! *(zeigt)* Sie kommen schon!
1. u. 2. böser Geist:	*(stürmen herein)* Huuh! Huuh! *(spuken herum und jagen die guten Geister)*
1. böser Geist:	Huuh! Das gefällt mir!
2. böser Geist:	Sie werden sich wieder verkriechen, du wirst sehen! Huuh!
2. guter Geist:	Können wir nichts dagegen tun?
2. böser Geist:	*(lacht höhnisch)* Was willst du gegen uns tun?
1. guter Geist:	Wenn wir all unsere Kräfte zusammennehmen, schaffen wir es vielleicht.
1. böser Geist:	*(baut sich vor dem zweiten guten Geist auf)* Huuh! Huuh! Haaah! Haaah! Huuh!
2. guter Geist:	*(in höchster Not)* Ich kann es nicht mehr aushalten.
2. böser Geist:	*(baut sich vor dem ersten guten Geist auf)* Haaah! Haaah! Huuh! Huuh! Haah!
1. guter Geist:	Stimmt. Es ist nicht zum Aushalten.

2. guter Geist: Ich kann nicht. *(1. und 2. böser Geist spuken weiter herum)*
1. guter Geist: Reiß dich zusammen. Los! *(zum Publikum)* Vielleicht hilft uns ja einer von euch dabei. *(singt, der zweite gute Geist stimmt mit ein. Sie schwenken Taschenlampen mit farbigem Licht gegen die Decke und schlagen bei* krach-bum *Topfdeckel gegeneinander)*

Die bösen Geister werden heut verjagt

Mit Böllerschüssen werdet ihr verjagt:
Krach bum, krach bum!
Ihr bösen Geister werdet nicht gefragt:
Krach bum, krach bum!
Wir zünden um Mitternacht die Lunten an!
Die Raketen steigen und Bombetten dann!
Krach bum, krach bum
Krach bum, krach bum, krach bum!
Refrain

Mit Funkenregen machen wir heut Jagd:
Krach bum, krach bum!
auf böse Geister, die uns nicht behagt:
krach bum, krach bum!
Wir kommen im neuen Jahr ganz ohne aus
und jagen im alten euch zum Schornstein raus!
Krach bum, krach bum
Krach bum, krach bum, krach bum!
Refrain

Das Lied lässt sich toll mit *Silvesterspuk* auf S. 106 und *Geisterjäger* auf S. 107 kombinieren.